요즘 개들은
짖지 않는다

가리온

요즘
개들은 짖지 않는다
-엉터리 공화국 산책, 개판 공화국 여행기-

초판 1쇄 인쇄 2008년 06월 10일
초판 1쇄 발행 2008년 06월 25일

지은이 강쥐생각
펴낸이 양우식
펴낸곳 가리온
주 소 서울 금천구 독산동 1000-7
등 록 제17-152호 1993년 4월 9일
전 화 02-892-7246
팩 스 02-892-7247

ISBN 978-89-8012-056-7 03810
가 격 10,000원

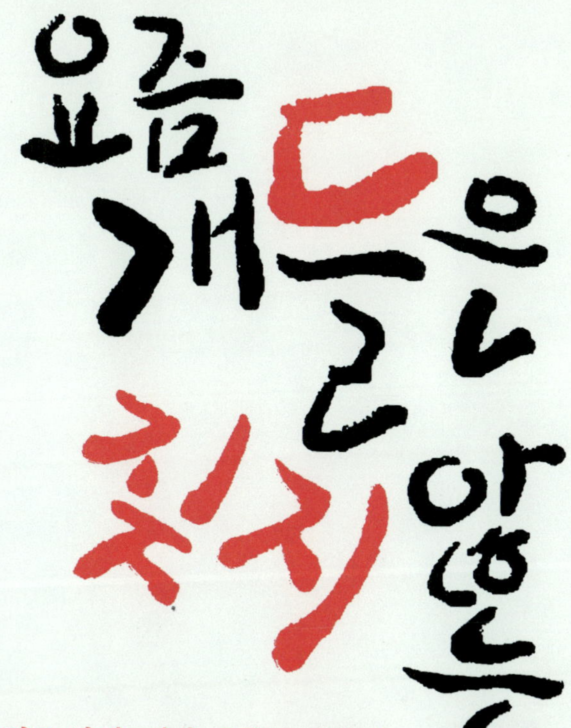

엉터리 공화국 산책, 개판 공화국 여행기

-읽는 **재미**, 얻는 **정보**-

지은이 | 강쥐생각

프롤로그 

무식한 동물의사가 강아지들에게 질문하다

나는 무식하다.

도대체 무식한 까닭이 뭘까. 세상과 인생을 제대로 배우지 못했기 때문이다. 솔직히 고백하자면 나는 애완동물밖에 모른다. 17년 동안, 아니 평생 동안 개나 고양이들과 뒹굴었던 탓이기도 하다.

그렇게 다람쥐 쳇바퀴 돌 듯, 우물 안 개구리 인생으로 불혹(不惑)의 나이에 이르렀다. 불혹이 [세상일에 정신을 빼앗겨 갈팡질팡하거나 판단을 흐리는 일이 없게 되었음을 뜻한다]는데 내 경우는 정말 아니다. 불혹이 뭔 의미인지 정확히 모르겠다.

바보 같은 소리지만 나는 덩치에 비해 속 좁은 사내다. 아주 초라한 소시민, 이른바 민초(民草), 풀 한 포기일 따름이다. 민초란 [백성]을 질긴 생명력의 잡초(雜草)에 비유하여 이르는 말이다. 나 역시 눈에 띄지 않는 민초, 초라한 풀 한 포기에 불과하다. 아주 특별한 동식물(動植物)이 아닌 잡초 인생, 나 같은 녀석이 바로 별 볼일 없는 생명체인 셈이다. 그래서 더더욱 섭섭하다. 하지만 행복할 때도 가끔은 있다. 잡초 같은 생명들이, 수많은 애완동물들이, 개와 고양이들이 우리네 세상을 지탱하며 인간들을 위로하고 격려한다는 편견과 편애 때문이다.

이왕 말이 나왔으니 몇 마디 더 던지자.

애완동물은 수많은 생명을 아우른다. 애완동물이 있어 지구촌의 마음 풍경이 더 따스해진다. 하지만 우리 인간들은 그 진실을 잘 모른다. 현실적으로 인간이란 애완동물이 다른 애완동물을 갖고 놀며 즐기기만 할 뿐이다.

그뿐인가. 인간이 애완동물을 희롱하고 멸시하고 잡아먹기도 한다. 우리 인간도 동물의 한 줄기에 불과한데, 지능이 높은 동물을 물건 취급하다니! 곱씹을수록 어처구니없다. 참 기가 막힌다.

동물끼리 사랑해도 부족한데 애완동물을 무생물의 장난감처럼 마구 다룬다. 절대자의 애완동물에 불과한 인간이 자기와 비슷한 애완동물을 아주 우습게 안다는 말이다.

애완(愛玩)이란 어떤 의미일까. 동물이나 물품 따위를 좋아하여 가까이 두고 귀여워하거나 즐기는 것을 말한다. 애완동물은 한자로 말하면 애완동물(愛玩動物)이고 유식하게 영어로 말할 경우 페트(pet)가 된다. 페트는 귀여워하며 기르는 애완동물, 총아(寵兒), 귀염둥이, 마음에 드는 사람, 굉장히 멋진 남자, 특히 좋아하는, 자랑거리의, 장기(長技)의(favorite) 등으로 해석된다. 그러나 단순히 동물이 동물을 사육한다고 생각하면 착각이다. 차라리 애완동물을 반려동물로 표현해야 올바르다. 우리 모두 같은 동물이니 함께 어울려 살자는 의미에서 하는 말이다. 바보처럼 미련하게 서로 멀리 떨어져 살지 말자는 뜻이다.

한자(漢字)로 바꾸어 말하면 반려동물(伴侶動物)이고 영어로 표현할 경우 컴패니언 애니멀(companion animal)이다. 인터넷 에서 반려동물을 검색한다.

*　　*　　*

사람과 더불어 사는 동물로 동물이 인간에게 주는 여러 혜택을 존중하여 애완동물을 사람의 장난감이 아니라는 뜻에서 더불어 살아가는 동물로 개칭했다.

1983년 10월 27- 28일 오스트리아 빈에서 열린 인간과 애완동물의 관계를 주제로 하는 국제 심포지엄에서 처음으로 제안되었다.

* * *

나는 내가 무식하다는 걸 잘 안다.

수의학 4년을 전공한 뒤, 인턴 생활 1년을 포함해 17년 동안 동물의사로서 애완동물과 씨름하며 희로애락을 함께 나눈 게 고작이기 때문이다. 그러다 보니 말로만 4년제 대학교를 나왔지 아는 게 별로 없다. 동물의사, 수의사(獸醫師)가 똑똑하면 얼마나 똑똑하겠는가.

그러나 할 말, 해야 할 말이 없지 않다.

아니, 하고 싶은 말이 너무 많다. 특히 [개자식] [개새끼] [개 같은 경우] [개처럼] [개보다 못한 놈] [짐승 같은 놈] 등이 너무 웃기는 표현이라고 강조하고 싶다. 제발 우리 인간이 개처럼, 애완동물처럼, 짐승처럼 산다면 아무 문제가 없다는 사실을 내세우고 싶다. 개나 고양이, 다른 짐승들의 경우 [개보다 못한 놈들]이 아니라는 점을 널리 알리고 싶다.

2008년 서울 한복판에서

동물의사 강쥐생각

- 이 책에 수록된 글 중의 일부는 인터넷 포털 사이트 네이버(naver) 인기 카페 [엉터리 경제 뒤집어보기](http://cafe.naver.com/copy5243)에 연재한 것도 있다.

Contents

제2부 : 요즘 개들은 짖지 않는다

제3부 : 니들이 개를 알아?

제4부 : 애완동물의료보험의 텃밭을 가꾸는 이유

제5부 : 개들을 위한 간단 간식

제6부 : 견공의 세계로 떠나는 부록 여행

제1부 강쥐생각이 동물병원 원장이 된 까닭

1. 애견 치료에 5분, 주인 치료에 30분

전문의(專門醫)가 되기 위해 거치는 수련의(修鍊醫) 과정에서 첫 일년 동안의 의사를 인턴(intern)이라고 부른다. 의사 면허를 받고 수련병원에서 수련을 받는 전공의(專攻醫)가 바로 인턴이다.

수의사(동물의사)의 경우에도 이와 다르지 않게 인턴이라고 부른다. 요즘 들어 일반 회사에서도 신입사원을 선발하기 전에 여러 부서의 실습을 거치도록 하는 인턴사원 제도를 도입하고 있다.

돌이켜보면 동물병원 개업 이전의 인턴 생활은 내 인생에서 큰 전환점이 되었다. 그 당시의 에피소드를 요약하면 대체로 이랬다.

애견과 애견인이 함께 병원 출입문을 들어선다. 엄마가 입을 연다. 안고 있는 애견의 사정과 별로 관련이 없다는 표정이다.

– 얘가 아픈가 봐요.

무의식적인 능청이다.

– 어떤 증상이라도 있나요?

보호자의 막연한 말투에 나는 즉시 대꾸한다. 아주 습관적이고 일상적인 인턴의 질문이다.

– 그냥 밥도 안 먹고 변도 잘 안 봐요.

손님 또한 습관적으로 답변한다.

– 며칠 동안 그랬나요?

– 대충 사흘….

말끝을 흐리는 손님의 눈빛을 보면 뭔 말을 꺼내놓을 것만 같다. 나는 절호의 기회를 놓치지 않는다.

– 혹시 고백하기 어려운 사연이라도 있나요?

내가 캐묻자 손님이 긴장을 풀기 시작한다.

– 사실 이런 이야기까지 할 필요는 없지만…, 애 아빠하고 문제가 생겨 심하게 다투는 과정에서 애가 충격을 받은 것 같아요.

30분 정도 이어진 상담 끝에 내린 결론은 집안 속사정 때문에 돌출한 사회적 문제였다.

– 뭔 말씀인지 알겠어요.

나는 고개를 끄덕인다. 뭔가 알 것 같다. 아니, 나는 확실히 안다. 애견에 대한 진찰과 처방은 5분이면 족하다. 하지만 근본적으로 애견의 질환을 치유하기 위해서는 엄마의 속내를 알아서 치료에 반영해야 한다.

– 얘한테 진짜 미안해요.

드디어 엄마가 애견의 머리를 쓰다듬는다. 30분 정도의 대화 끝에 손님의 안색은 훨씬 밝아진다. 인턴인 나도 머잖아 애완견이 건강한 일상을 회복할 것이라는 희망에 젖는다.

정말이지 그랬다. 동물병원 근무를 시작하던 인턴 시기에 나는 사회를 바라보는 시각에서도 인턴이 되었다. 그리고 인턴으로서 깨닫기 시작했다. 가정, 사회, 정치, 문화, 예술 등에 이르기까지 모든 원인과 결과가 서로 연관되어 있다는 사실과 모든 분야의 사람들이 머리를 맞대고 여러 가지 사회적 문제를 해결해야 한다는 점을 절감한 것이다.

애견 치료에 5분, 주인 치료에 30분이 상징하는 미해결의 숙제가 나를 인턴 시절로 돌아가게 한다. 아니다. 나는 영원한 인턴인지도 모른다. 오늘도 그처럼 쉽지 않은 숙제를 풀기 위해 대학생 때 미처 하지 못한 인턴 공부를 하는 중이다.

2. 반려동물이 삶에 미치는 긍정적 영향

더욱 건강한 삶을 살고 싶다면 애완견을 키워 보는 것은 어떨까? 과학자들은 반려동물과 함께 살아가는 것이 인간에게 유익하다고 말한다. 최근 연구 결과에 따르면 반려동물로 고양이보다는 개를 키우는 것이 신체적으로 더 건강하다고 한다.

영국 벨파스트에 위치한 퀸스 대학의 데보라 웰스 박사에 따르면, 반려견과 함께 생활하는 사람들은 규칙적으로 반려견과 산책을 하기 때문에 콜레스테롤 수치와 혈압 수치가 낮아지는 경향이 있다고 주장한다.

건강의학과 관련된 영국의 한 저널에서 웰스 박사는 애견가들이 병에 걸리는 빈도가 훨씬 낮다고 말했다. 예전에 실시했던 여러 번의 연구 결과에서 웰스 박사는 심장 발작과 같은 심각한 병에서 회복하는 데 반려견이 상당한 도움을 주는 것으로 밝혔다.

1995년 진행된 한 연구에서는 심장 발작을 일으킨 사람들 중 개를 소유한 사람은 1년 이상 더 생존할 확률이 그렇지 않은 사람들보다 8.6퍼센트 정도 더 높은 것으로 나타났다. 웰스 박사는 다음과 같이 말한다.

[스트레스로부터 덜 고통을 받도록 반려견이 직접적인 도움을 준다.

반려견과 함께 살면 신체적으로 더 많이 활동하게 되고 사회적 활동도 더 많이 하게 된다. 이를 통해 간접적으로 신체적, 정신적 건강에 긍정적 영향을 미치게 되는 것이다.]

영국에서 진행된 또 다른 연구에서는 반려견의 존재 자체가 난치병을 앓고 있는 아이들이 힘든 치료 과정을 견디는 데 상당한 도움을 준다고 밝혀졌다.

개들은 뛰어난 후각 능력을 갖고 있기 때문에 흑색종이나 암, 당뇨병 환자의 저혈당 증세 등을 알아차릴 수 있다. 특히 이스라엘에서 진행된 연구에서는 반려동물이 보통 사람들보다 훨씬 내성적이거나 활동적인 정신분열증 환자들에게 도움을 줄 수 있다고 밝혔다.

3. 짖는 개, 안 짖는 개

어떤 개가 입을 벌리지만 아무 소리도 나지 않는다. 성대 제거 수술을 했기 때문이다. 아파트 단지나 인구 밀도가 높은 도시에 사는 애견인들은 이웃을 불편하지 않게 하려고 개의 성대를 잘라내는 유혹에 빠지기 쉽다. 단순한 유혹이 아니다. 현실적으로 많은 애견인들이 그렇게 성대를 잘라 버리고 있다.

짖지 못하는 개는 버려진 개나 길 잃은 동물처럼 불행하다. 너무 앙증맞고 귀엽기 짝이 없는 강아지를 샀다가 체구가 커지고 나이가 들면 거리에 슬쩍 내다버리는 사람들이 적지 않다. 이웃들이 불편해 하면 어른들이 아이들 몰래 버리기도 하지만, 성대 수술로 짖지 못하게 하는 사례도 적지 않다.

개가 태어날 때부터 짖지 못하는 사례란 극히 드물다. 대부분 인간들이 짖지 못하게 만들 뿐이다. 개들은 흉터를 남기지 않는 새로운 수술 방법으로 성대를 잃는다. 과거에는 개의 성대 제거 수술 때 개의 목젖 바깥쪽에 흔적이 남았었다. 그러나 지금은 수의사들이 입을 통해 목젖까지 수술 도구를 넣어 안으로부터 성대를 제거한다.

요즘 들어 성대 수술이 거의 완벽한 수준에 이르렀다. 하지만 성대 수술에 위험이 따르지 않는 것은 아니다. 성대를 잘라내면 동물은 병에 감염될 위험성이 한층 높아진다.

인간들은 집에서 기르기 위해 길 잃은 애완동물이나 유기견을 주워오는데, 이웃들이 개 짖는 소음 때문에 불평하면 다시 거리에 버리거나 조용하게 만들어 놓는다. 이웃들이 신고하거나 고소할까 봐 성대를 잘라버리는 것이다.

짖는 걸 방지하기 위해 성대 수술을 한다. 하지만 나이 들어가면 사정이 달라진다. 건장한 개가 되면서 어느 날 갑자기 목쉰 소리를 내기 시작한다. 뜻한 바대로 잘 짖어지지 않고 다른 개와 인간들에게 전달되지 않으면 더 발악을 한다. 한두 차례 짖어도 족하지만 의사전달이 안 되니 더 열심히 반복해 짖는다.

다시 말해 더 듣기 싫을 정도로 더 컹컹거린다. [컹컹!]이 아니라 [헉헉!]일 뿐, 덩치 큰 개가 지르는 소리가 아니다. 듣는 사람에 따라서는 더 신경에 거슬린다. 쓸데없이 짖지 않는 개로 길들이려다가 반대로 더 불행한 사태를 불러온 셈이다.

개란 짖는 것으로 말하는 동물이다. 자신의 집을 지키고 가족을 지킨다는 의식은 개의 본능이다. 전혀 짖지 않는 개로 기르는 것은 곤란한 일이다. 낯선 사람들을 만나면 많은 개들은 이빨을 드러내고 짖어댄다. 퇴화하지 않은 혈통의 야성 본능이 부글부글 끓어오르기 때문이다. 그럼에도 잘 짖지 않는 개도 많다.

요즘 시중에서 떠도는 [짖지 않는 개 시리즈]가 있다. 짖지 않는 이유란 무엇일까. 주인이 너무 가난해서, 주인이 도둑놈이라서, 주인이 매일 짖기 때문에 개가 짖지 않는다고 한다. 세상을 풍자하는 뜻이 매우 깊은 시리즈다. 짖어야 할 때 짖을 줄 아는 개가 그리운 것도 그 때문이다.

4. 짖지 않는 개, 고치는 방법 없나요?

인터넷 포털 사이트 네이버에 이런 질문과 답변이 올라왔다. 짖지 않는 개에 대하여 [요즘 개들은 짖지 않는다]란 제목의 글을 쓰다가 검색한 끝에 발견한 글이다. 짧은 글에서 교훈적인 풍자가 나름대로 잘 드러난다. 대충 교정을 본 뒤 올려 본다.

*　　*　　*

질문

우리 집은 약간 외진 곳에 있는 터라서 밤만 되면 좀 쓸쓸하고 무섭기까지 합니다. 고민하다가 개를 키우기로 했어요. 얼마 전 [시베리안 허스키]를 한 마리 입양했습니다. 그런데 이 녀석은 생긴 건 무섭지만 전혀 짖지 않아서 심각한 문제가 생겼어요.

우리 집과 우리 가족의 안녕을 지키기는커녕 오히려 밤낮을 가리지 않고 외부인들과 마주칠 적마다 꼬리를 살살 흔들곤 합니다. 외딴집이나 다름없는 우리 집 특성으로 미루어 이 녀석이 짖어야 하는데 짖지 않아서 찜찜합니다. 제발 이 녀석이 짖게 하는 방법 좀 알려 주세요. 짖지 못하게 하는 방법은 많은데 짖게 하는 방법은 없네요.

답변

원래 [시베리안 허스키]는 잘 짖지 않는 견종입니다. 그냥 키우는 수밖에 없습니다. 훈련으로 바꿀 수 있는 게 아닙니다.

*　　　*　　　*

이 글을 읽으며 수의사, 아니 동물의사인 나는 한참 웃었다. 짖지 않는 개를 짖는 개로 만들려고 하는 분이나, 안 짖을 테니 그냥 키우라고 조언하는 분이나 나를 짖게 만들었다. 아니, 짖는 게 아니라 미소 짓게 만들었던 것이다.

개를 마구 짖지 못하게 만드는 수술이 유행한 적도 있을 정도인데 이 경우는 정반대다. 맞다. 인간이 필요할 때 개가 짖지 않으니 참 고민일 것이다. 너무 짖지 않아도 인간에게 스트레스가 될 수도 있겠지 싶다. 솔직히 고백하자. 인간보다 현명한 견공이라면 짖지 않을 것이라는 생각도 든다.

스페인 속담 중에 [꼭 필요할 때는 개가 짖지 않는다]가 있는가 하면, [짖는 개는 별 거 아니다, 짖지 않는 개를 조심하라]는 터키 속담도 있다. 마치 우리가 즐겨 활용하던 우리 속담처럼 전혀 낯설지 않다.

인간 세계를 빗대어 말하자면 짖지 않는 개가 인간에게 부담스러울 때도 있을 것이라는 생각이 든다. [짖지 않는 개가 무는 법]이라는 속담이 맞을 때도 많을 것이다. 오히려 짖어대는 것은 겁을 먹었다거나 경계한다는 수준에 가깝다. 짖지 않는 개는 언젠가 슬그머니 인간을 물어 버릴 수도 있기 때문이다.

아니, 짖지 않는 개를 인간이 건드리면 위험할 때도 있다. 평소 잘 짖지 않은 개는 언짢은 표정으로 대가리에 주름을 만들고 나지막하게 으르렁거리며 위협할 뿐이다. 그러다가 인간이 치사하게 나올 경우 물어버릴 수도 있다.

그래서 거의 짖지 않는 개만큼 무서운 짐승은 없다. 우수한 투견(鬪犬)도 쓸데없이 짖지 않는다. 함부로 짖을 이유가 없기 때문이다. 승리에 대한 자신감이 넘치는 데다 힘도 세니 인간이나 다른 개를 위협할 이유가 없는 것이다.

* * *

고사성어 중에 불폐지구(不吠之狗)라는 말이 있다. 분명히 개 같은데 [짖지 않는 개]란 의미다. 이 말은 사람을 개에 비유한 것으로서 짐승만도 못 한, 개 같은 사람을 [짖지 않는 개]로 표현한 것이다. 다시 정리하면 [불폐지구 = 짖지 않는 개 = 개 같은 사람]이 된다.

소설가 염상섭의 빛나는 작품들 중에 [짖지 않는 개]가 있다. 뒤죽박죽으로 변한 인간 시대의 역사와 현실을 [짖지 않는 개]란 제목으로 암시한다. 소설 속의 개는 애완동물이 아니라 파수꾼이자 경비원이다. 하지만 침략자인 소련군 병사가 집 안에 무단 침입해도 도대체 짖지 않는다. 현실적인 힘의 소유자가 바뀌고 인간의 행동 양식이 일정한 법칙과 정도를 상실했기 때문에 [경비견]이란 직분을 스스로 망각한 것이다. 한밤중에 집으로 쳐들어온 낯선 소련군을 보고도 [짖지 않는 개]는 이미 그 본래의 정체성을 상실한 존재다.

어느 날 한밤중이다. 소련군이 집 안에 무단 침입해도 파수꾼은 아예 짖지 않는다. 갓 어린티를 벗어난 소련 장교의 안하무인격인 태도에 꼬리를 치듯 저항하지 못하는 건 개나 인간이나 차이가 없다. 혼란스러운 현실적 모순은 심각하다. 어제의 지배자였던 일본인이 생존을 위해 소련 장교의 하녀가 된다. 일본으로 돌아갈 방법을 찾기 위해 조선인의 식모를 자청한다. 하지만 비굴한 일본인만 비난받을 일이 아니다.

스스로 해방 공간을 만들지 못하고 소련, 북한, 미국, 일본 등 낯선 외국 군대를 자신의 땅에 받아들인 한국인들도 [짖지 않는 개]처럼 정체성을 상실한 민족이 된다. 조선인들은 소련 장교를 끼고 아편을 밀수하거나 각종 밀매를 자행한다. 엉겁결에 빼앗은 일본인의 재산을 소련군에게 내주고도 항의하지 못한다. 이처럼 옛날 조선인들은 [짖지 않는 개]의 몰골과 별 차이가 없었다.

*　　　*　　　*

[달 보고 짖는 개]란 속담이 있다. 짖을 이유가 없는데 짖는 개가 있다면 참 한심스러울 것이다. 하지만 개를 두고 만들어진 속담은 아니다. 남의 일에 대하여 잘 알지도 못하고 떠들어 대는 어리석은 사람을 빗댄 말이다.

개 한 마리 짖어대니
옆집 개가 짖어대고
동네 모든 개들이 따라 짖어대네
아이 불러 문 밖에 나가 보라 하니
달만 오동나무 높은 가지에 걸렸다 하네.

평소 짖지 않고 침묵하던 개들이 있다. 도둑이 들어도 다른 개들의 눈치를 보며 짖지 않는다. 그러던 중에 몇 마리 개가 짖으니까 그제야 슬슬 으르렁거린다. 그러다가 동네의 모든 개들이 따라서 짖어대기 시작한다. 그 순간부터 용기를 얻고 마지막 개도 짖기 시작한다. 알고 보면 도둑이 들어서는 짖는 게 아니다. 하나같이 달을 보고 미친 듯이 짖어대는 것이다. 얼마나 영악하고 비겁한 개들인가.

이처럼 영악하고 비겁한 개들의 우화를 소개하자. [사나운 개로 인해 주막집이 망했다]는 [구맹주산'(狗猛酒酸)]이란 고사성어가 있다. 일부러 찾아온 고객들을 쫓아버리는 맹구(猛狗)들에 관한 이야기다. 주인한테는 그렇게 고분고분 충성을 다 하던 개가 손님들이 오면 여지없이 사납게 짖어대니 모두 돌아선다. 그 사이 술이 쉬어 버려 주막집이 망했다는 이야기가 중국 고전 [한비자(韓非子)]에 나온다.

그러나 아무리 사나운 개도 먹을 때만큼은 짖지 않는다. [먹을 때는 개도 안 건드린다]는 속담이 있지 않던가. 결국 개는 먹을 것이 너무 많아도 짖지 않는다. 먹을 것을 쫓아다니다가 지쳐도 포기한 채 짖지 않는다. 못된 인간들이 던진 미끼를 많이 먹어 배가 부른 개들은 [닭 쫓던 개 지붕 쳐다보는] 것처럼 짖지 않는다. 아, 얼마나 무서운 진실인가.

하지만 지금 애견은 그런 존재가 아니다. 오히려 왕 대접을 받고 산다.

5. 짖는 본능을 다스려라

말을 못하는 개에게 [짖음]은 언어의 대용이고 의사 전달을 위한 필수적 행위다. 하지만 그것도 정도의 문제다. 더욱이 도시화의 물결이 진척되어 인가들이 밀접한 곳에서는 지나치게 짖는 개는 기를 수 없는 상황이 되었다.

짖고 있을 때 [안 돼!]라고 강하게 야단치며 신문지 등을 둘둘 만 것으로 개의 엉덩이를 때리거나 바닥을 쳐서 큰소리가 나게 한다. 이것을 몇 번이고 반복한다. 그러나 이런 훈련은 개의 본능을 억제하는 것이기 때문에 느긋하게 가르쳐야 한다. 또 짖음을 그쳤을 때는 충분히 칭찬해 주어야 한다.

이런 버릇 가르치기도 일관되게 실시해야 한다. 경우에 따라 짖음을 방임하면 그 때까지의 노력은 수포로 돌아간다. 가족 전원이 협력하여 기회 있을 적마다 이런 버릇 가르치기를 반복하는 것도 필요하다.

지나친 짖음의 원인으로 옥외 사육일 경우 항상 매어 두거나 운동 부족, 욕구 불만 등도 많음에 주의해야 한다.

소음에 익숙하게 한다.

개는 청력이 뛰어나다. 그렇기에 작은 소리도 놓치지 않고 잡아내는 능력이 있다. 특히 조용한 가운데서는 집중할 요건이 되기에 더 잘 듣고 더 잘 알리려고 한다. 적막한 가운데 찾아오는 소음은 개의 귀에 굉장히 거슬린다.

따라서 소음에 익숙하게 만드는 것이 중요하다. 어린 강아지 때부터 집 안에서 항상 적당한 소음이 들리게 한다면 좋은 방법이 될 수 있다. 보호자가 애견을 혼자 집에 두고 외출할 경우, 라디오나 텔레비전을 적당한 크기로 틀어놓는 것이 바람직하다. 이 방법은 정서적으로 너무 민감하지 않고 성격 좋은 반려동물로 성장하는 데 도움을 준다. 전파의 힘을 빌려 시도한다면 분명히 효과를 볼 것이다.

함께 소리치지 말자.

개가 짖기 시작하면 어떤 보호자는 함께 소리를 지른다.

[안 돼! 안 된다고 했잖아! 그만 짖어! 야! 시끄러워! 안 돼!]

과연 개가 이 말을 다 알아듣고 얌전해질까? 그게 가능하다면 개가 짖을 때마다 버럭 고함만 치면 될 일이다. 하지만 안타깝게도 개는 보호자의 이런 외침을 자신을 고무시키는 촉진제로 여긴다. [오, 내가 이렇게 짖으니까 우리 엄마도 좋아하는구나. 더 열심히 짖어야지!]라고 굳게 결심하는 원동력이 된다.

한 번이면 족하다. 짧고 단호하고 위엄 있는 목소리로 [안 돼!]라고 꾸짖으면 된다. 물론 말한 마디에 짖는 것을 멈추지 않는다. 하지만 약간의 시간차를 두고 개를 진정시키고 다시 단호하게 [안 돼!]라고 말하면서 한 손을 개의 콧등에 얹는다면 개는 알아차릴 것이다. 자신이 한 짓이 결코 자랑스럽거나 칭찬받을 행동이 아니라는 사실을 깨닫게 된다.

소리로 충격을 주자.

외국에서는 보편된 방법이다. 빈 깡통에 동전이나 작은 돌멩이를 넣고 개가 짖기 시작할 때 개 앞에 그것을 던진다. [쨍그랑] 소리에 개가 깜짝 놀라면 바로 이 순간에 보호자는 강하게 [안 돼!]라고 외친다.

단 주의할 것이 있다. 깡통을 던질 때 개가 보게 해서는 안 된다. 깡통이 어디서 떨어졌는지 전혀 모르는 상태여야 한다. 난데없는 일이 일어났을 때 보호자가 저지 명령을 내리면 개는 곧 이 상황을 기억하게 된다. 몇 번 반복하면 충분히 효과를 볼 수 있다.

지나치게 짖는 개 복종 교육을 시킨다.

[앉아] [엎드려]는 그 중 가장 필요한 동작이다. 개가 흥분하거나 그럴 기미가 보이면 [앉아]나 [엎드려] 등을 명령한다. 이때 소시지나 간식 등을 주면 좋다.

산책이나 운동을 시킨다.

산책이나 운동을 충분히 시키면 스트레스를 예방할 수 있다. 주인에게 지나치게 의존하거나

집착하는 개는 다른 가족이나 친구에게 개와 같이 놀거나 산책 등을 시키고 먹이도 주도록 하여 주인에 대한 의존도를 줄여야 한다.

직접 명령한다.

직접적인 명령으로 짖는 것을 멈추게 한다. 명령어는 조용히 해, 멈춰, 짖지 마, 안 돼 등 어떤 것도 상관없다.

A : 목걸이나 목덜미를 한 손으로 잡는다. 개의 눈을 마주보면서 [짖지 마]라고 명령한다.

B : 목걸이나 목덜미 부분을 잡고 눈을 강하게 노려본다. 단호하게 흔들면서 [짖지 마]라고 명령한다.

쇼크 요법을 쓴다.

개가 짖을 때 입안으로 불쾌한 맛이 나는 물질(스프레이)을 넣거나, 약간의 쇼크를 주는

Aniti-barking collars를 쓸 수도 있는데, 여기에서 Aniti-barking collars를 쓰는 일은 꼭 전문가와 상의한 뒤 사용해야 한다.

6. 요즘 개들은 산책하지 않는다

인간은 누구나 자유를 원한다. 자유롭게 움직이고 자유롭게 생각하기를 원한다. 애완동물도 마찬가지다. 시야가 확 트인 공간에서 마음껏 뛰어놀고 싶어 한다. 인간이란 동물 이상으로 야성을 간직한 동물이 바로 개와 고양이 등이어서 더 자유분방한 세상을 원한다.

인간이 애완동물의 야성적인 자유를 모를 리가 없다. 특히 애견인들은 대체로 애완견과 함께 외출하고 싶어 한다. 공원으로, 야외로, 숲 속으로,

지하철과 승용차를 타고 도심 속으로, 친구 집으로, 고향 마을로 동반 여행을 떠나고 싶다.

하지만 현실은 그렇지 못하다. 애견의 외출과 산책을 기피하는 사람들이 더 많다. 왜 그럴까. 그 이유엔 몇 가지가 있다. 우선 개를 데리고 산책할 시간 여유가 없다. 호구지책(糊口之策)을 위해 열심히 뛰어야 하는 처지, 직장에 출퇴근해야 하는 형편, 어떤 분야에서 많은 사람들과 수시로 어울려야 하는 상황 등 때문이다.

어떤 사람은 애견과 외출했다가 진드기나 전염병을 옮겨 온 경험 때문에 산책을 기피한다. 인간에 의해 더럽혀진 길바닥이나 각종 오염물질이 섞인 흙에서 뒹굴다 귀가하니 그럴 수밖에 없다. 인간의 경우처럼 신발과 옷을 제대로 준비하기 어려우니 사정은 더 답답하다.

- 남들은 먹고살기 힘든데 개를 데리고 다녀?
- 아무 데나 똥오줌 갈기게 하지 마!
- 배부른 사람이 개를 키운다네.
- 우리 아이가 흙 묻은 털 만질까 두려워.
- 개 데리고 저리 안 가!

애견을 키우지 않는 사람들의 비난 어린 시선을 의식하고 애견 동반 외출을 망설이기도 한다. 특히 털과 발에 묻은 흙이나 먼지가 다른 사람의 옷을 더럽히는 사고가 생길까 두렵기도 하다. 그뿐이 아니다. 한 달에 한두 번 꼴로 발톱을 깎아 주지 못하거나 미용에 신경을 쓰지 못해 외출을 꺼려하기도 한다.

대부분의 애견인들은 외출했다가 귀가한 뒤에 씻기는 일이 무엇보다 번거롭다고 말한다. 틀린 말이 아니다. 애견을 산책시킨 후 목욕하고 털을 말리는 시간이 30분에서 1시간 정도 걸린다. 외출이 잦은 강아지일수록 자주 목욕을 시키고 잘 말려주지 않으면 피부병의 원인이 되기도 하기 때문이다. 결국 주인 식구들은 그 과정이 귀찮아서 애견 동반 산책을 자주 시도하지 못한다.

외출을 하지 못하고 집 안에 갇히거나 묶여 지내는 애견은 불쌍하다. 비록 유기된 신세는 아니지만 유기견보다 더 불행할 수도 있다. 여러 가지 이유로 집 안에 방치된 인간보다 더 처량할 수도 있다.

개들은 야성 본능이 있어 자주 외출시켜주지 않으면 우울증에 걸리기 쉽다. 하루 산책을 빼먹으면 일주일씩 삐치는 애완견들도 많다. 단순히 골을 부리지 않고 노골적으로 짖어대는 애견들도 적지 않다.

이런 상황을 오랫동안 지켜보면서 강쥐생각은 꾸준히 고민해 왔다. 어떻게 하면 자유롭게 애견과 함께 산책이나 외출을 즐길 수 있을까? 외출한 뒤 돌아와서 당장 씻기지 않아도 좋은 방법이 없을까? 인간처럼 애견에게도 옷을 입히고 구두를 신겨서 산책이나 여행을 함께 나설 수 있는 길은 없을까? 십 년 가까이 연구를 거듭해 왔다. 그 동안 고민해 온 핵심적 체크 리스트는 다음과 같다.

- 애완견의 신체 구조와 특성에 어울리는 복장이어야 한다.
- 짧은 시간 안에 옷과 신발을 착용할 수 있어야 한다.
- 빠른 시간 안에 손쉽고 가볍게 세탁할 수 있는 재료여야 한다.
- 애견의 건강을 지키면서 산책을 즐길 수 있는 제품이어야 한다.
- 디자인이 예쁘면서 실용적이어야 한다.
- 신발과 산책옷의 기능을 최대한 살려서 흙이나 기타 이물질이 애견의 털에 묻지 않도록 해야 한다.
- 물이 새지 않고 먼지가 들어가지 않아야 한다.
- 신축성이 있는 재질을 골라야 한다.
- 대소변을 볼 때 묻지 않도록 하는 방법을 강구해야 한다.

- 애견의 신체 크기가 산책 옷과 신발의 크기에 별로 구애되지 않아야 한다.

그 결과 아주 예쁘고 과학적이고 실용적인 [애견용 산책 옷]을 완성하기에 이른다. 2007년 11월 중에 필자는 상표, 서비스표, 디자인, 실용신안 등을 중심으로 특허를 출원할 수 있었다. 머잖아 전문가와 애견인들을 통해 폭넓게 대중화되기를 기대한다.

7. 오백원짜리 병아리의 입원비가 팔만 원

학교 앞에서 구입한 병아리 한 마리를 모시고 방문한 손님이 있었다. 병아리 환자 이름은 너무 귀엽게도 [아리]였다.

– 병아리도 진료하나요?

중년부인이 멋쩍은 표정으로 머리를 디밀었다.

– 어디가 아픈데요?

– 얘가 베란다 문틈에 끼었어요. 졸졸 쫓아다니는 걸 내가 못 보고 글쎄 문을 닫아버렸지 뭐예요.

중년부인은 미안하다는 낯빛으로 [아리]를 쳐다보며 대꾸했다.

– 어디 한번 봅시다. 이런! 다리가 덜렁거리는 걸 보니 부러진 거 같은데요. 엑스레이로 확인해 보죠.

동물의사 11년 동안 병아리 엑스레이 진단은 처음이었다. 어설픈 자세로 병아리를 보정하고 두 컷을 찍었다. 확실한 골절에다 무릎 아래 부분의 살이 훌러덩 벗겨져 있었다.

– 병아리는 뼈가 워낙 가늘어서 수술하긴 어렵고 피부 봉합 후에 깁스하는 게 좋겠네요.

난생 처음 시도하는 병아리 피부 봉합 수술이었다. 전신 마취에서 깨어나지 못하면 어쩌나 내심 걱정도 되었지만, 다행스럽게도 대충 30분 뒤에 깨어났다. 촘촘하게 여섯 바늘을 꿰맸더니 제법 다리 모양이 잡혀 있었다.

– 집에서 관리하기 어려우니 입원시키고 하루에 한 번 정도 면회 오세요. 일주일 정도 입원 후에 실밥을 풉시다.

병아리가 입원하고 다음 날, 일곱 명의 식구들이 병원으로 들이닥쳤다. 할아버지, 할머니, 아버지, 어머니, 삼촌, [아리]의 언니, [아리]의 오빠. 그렇게 일곱 명의 문안객이 병원을 점령했다. 아니, 우리 병원이 뭘 잘못했다고 이렇게 대부대가 항의하러 왔나? 그런 두려움이 고개를 들던 순간, 할아버지가 입을 열었다.

– 면회 왔어요. 우리 아리의 상태가 어떤가요?

– 기대 이상으로 벌써 한 발로도 뛰어다니고 밥도 잘 먹어요.

내가 안심시키자 가족이 돌아가며 신기한 듯 만져 봤다. 사실 아이들이 학교 앞에서 한 마리 사온 병아린데 아이들이 좋다니까 허락했단다. 온 가족의 문병을 받은 병아리가 이 세상에 또 있을까 싶었다.

– 아이들에게 생명의 소중함을 가르쳐 주려고 같이 온 거예요.

아이들의 할아버지가 차분히 말을 이어갔다.

– 동생 아리가 잘 있다니 내일 또 오자. 너무 오래 있으면 선생님들 진료하시는 데 방해가 되니까 이젠 가자.

대부대가 빠져나가자 우리 병원 식구들은 멍하니 병아리 환자를 지켜보았다. 하나같이 망치에 두통수를 얻어맞은 사람들처럼 어리둥절한 표정을 지었다. 내심 우리 식구들은 병아리가 부러웠던 것이다. 아니나 다를까, 퇴원하는 날 계산한 병원비가 팔만 원이 나왔다.

– 허허허 참! 병아리 오백원 주고 사서 치료비 팔만 원을! 허허허.

할아버지가 허탈한 웃음을 터트렸다. 그래도 밝은 표정이어서 참 다행이었다.

– 미안하다, 아리야!

아버지가 병아리를 보듬고 미소를 머금었다.

약 8년 전 치료비가 팔만 원이었으니 지금은 이십만 원 정도 되지 않을까 싶다. 세상은 참 재미있다. 안 그런가?

8. 개가 오줌 눌 때 한쪽 다리를 드는 이유

암놈이 다리를 들고 오줌 누는 것은 호르몬과 관계가 있다고도 하고, 그렇지 않다고도 한다. 하여간 수컷이 오줌을 눌 때 다리를 들면 높은 위치에 용변을 보게 된다. 그래야 냄새가 멀리 날아가기 때문에 많은 개들이 알게 된다. 오줌 누는 높이가 코의 위치에 이르러야 다른 개가 냄새를 맡는 데 유리하다.

최대한 높게 한쪽 다리를 들고 소변을 보는, 그 친숙한 자세는 수컷 특유의 행동이다. 하지만 두 가지 이유도 있다. 한쪽 다리를 들지 않고 볼일을 보면 가운데로 향해 버리기 때문이다. 오줌이 세지 않은 강아지는 다리를 들지 않고 볼일을 보기도 한다.

*　　　*　　　*

– 왜 개는 한쪽 다리를 들고 오줌을 눌까요?

강의 도중에 선생님이 질문했다. 친구끼리 하는 수수께끼라면 답변은 의외로 쉬울 수 있다. 하지만 강의하던 선생님이 진지하게 질문을 했으니 학생들은 망설인다. 그 질문의 정답을 이미 알고 있는 사람이 많아도 그럴 수 있다.

– 학(鶴)은 왜 한쪽 다리를 들고 서 있을까?

– 두 다리를 모두 들 수 없기 때문이다.

그런 수수께끼를 나눈 적이 있는 학생들도 함부로 입을 열지 않는다. 개가 오줌을 눌 때도 마찬가지라고 생각하는 학생도 망설인다. 개 역시 네 다리를 모두 들고 오줌을 눌 수 없기 때문에 한쪽 다리를 들고 오줌을 누는 것이라고 답변할 수 있는데 말이다. 이 두 개의 수수께끼는 사실상 같은 성질의 질문과 답변이지만 어쩔 수 없이 머뭇거린다.

– 네 다리를 모두 들고 오줌을 눌 수 없기 때문입니다.

그 때, 용기를 낸 학생이 답변한다.

– 틀렸다. 정답이 아니다.

선생님의 그 결론에 학생들은 더 어리둥절한 표정을 짓는다. 그 순간, 어디선가 다른 학생이 손을 들고 말한다.

– 개가 한쪽 다리를 들고 오줌을 누는 건, 개폼 잡으려고 하는 겁니다.

– 그래, 정답이다.

선생님은 그 다른 학생에게 손뼉을 치며 격려했다. 먼저 대답한 학생은 억울하겠지만 현실은 그토록 냉엄하다. 수수께끼에 정해진 정답이란 없다. 서로 합의가 이루어진 답변이 존재한다면 그것이 바로 수수께끼의 정답이다.

*　　*　　*

한국경제신문 칼럼에서는 다음과 같이 결론을 맺는다.

우리가 겪는 일들이 정답 없는 문제라는 생각이 들 때면, 나는 가끔 그 날이 생각난다. 우리 앞에 나타나는 문제들은 모두 그날의 수수께끼와 닮았다. 똑같은 문제라도 상황에 따라 답이 바뀌고, 사람에 따라 답이 바뀌고, 시간에 따라 답이 바뀐다. 그래서 사람들은 인생은 정답이 없다고 말하는 것이다.

이런 이야기를 들은 적이 있다. 어떤 대학 교수님은 매년 같은 시험문제를 낸다. 그 교수님의 시험문제가 매년 같기 때문에 학생들은 작년에 A+ 받은 답안지를 외워서 쓴다. 하지만, 작년과 같은 답을 쓴 학생은 빵(0)점이다. 그 교수님의 말에 의하면 작년과 금년은 상황이 바뀌고 환경이 바뀌었기 때문에 문제가 같더라도 정답이 달라졌다는 것이다.

세상은 정해진 과녁에 활을 쏘는 게임이 아니다. 움직이는 과녁에 활을 쏘는 게임이다. 그래서 정해진 정답이 아닌 새로운 정답을 만들어가는 것이 바로 우리가 지금 하고 있는 게임이다.

출처 : 한경닷컴, 글 : 박종하

*　　*　　*

강아지 때는 암캐, 수캐 구분 없이 쪼그리고 앉아서 오줌을 눈다. 하지만 수캐의 경우 1년 가까이 자라면 오줌을 눌 때 뒷다리의 한 쪽을 치켜들어 소변을 본다. 수캐의 배뇨 습관은 왜 이렇게 변할까?

소변 줄기가 땅의 표면 위에 떨어지지 않게 담벼락이나 전봇대 등이 서 있는 곳에 조준하여 그 자리에 자기의 냄새를 남기기 위해서다. 즉, 자기 영역을 표시하고 자기가 방문했음을 알리는 표식을 남기기 위해서다.

개가 산책할 때 다른 개가 배뇨한 냄새를 맡는 사례를 자주 목격할 수 있다. 냄새를 주의 깊게 맡은 후 그 자리에 자기 냄새를 남기고 떠난다. 생후 1년이 지나기 전에 중성화 수술을 시행한 수캐도 역시 뒷다리를 치켜 올려 배뇨를 한다.

수캐의 신체 구조 때문에 한쪽 다리를 올리지 않으면 배설할 수 없는 게 아니다. 수캐에게 오줌은 단순한 배설물이 아니다. 자신이 존재를 다른 개들에게 어필하기 위한 중요한 커뮤니케이션의 수단인 셈이다.

개는 후각이 발달해서 서로의 오줌 냄새를 구분할 수 있다. 암컷에 비하여 영역 의식이 강한 수컷은 자신의 행동 지역 여기저기에 오줌을 싼다. 이러한 행동을 [마킹]이라고 한다. 그냥 땅에 배설하면 자신의 오줌 냄새가 멀리 전달되지 못한다. 그래서 전신주나 가로수, 빌딩 벽, 우체통 등 지면보다 높은 곳에 오줌을 싸는 것이다.

다시 말해 개가 한쪽 다리를 들고 오줌을 싸는 것은 오줌을 보다 높은 곳에 싸기 위한 수단이다. 그리고 한쪽 다리를 드는 것은 어른이 되었다는 증거이기도 하다.

9. 장성급 애견

모 동물병원에서 인턴으로 근무하던 시절의 에피소드입니다. 이슬비가 내리던 날, 귀티가 나는 중년부인이 시골 양반처럼 근엄한 표정의 강아지를 모시고 왔습니다. 제가 진찰대 위에 모셔 놓고 강아지 환자분의 반응부터 살폈습니다. 강아지는 여전히 점잖은 눈빛과 몸짓을 유지하고 있었습니다.

제가 목덜미와 머리를 쓰다듬고 귀를 만지며 친선을 도모하려 했지만, 그 강아지는 마치 사단장 앞에 선 훈련병처럼 부동자세를 풀지 않았습니다. 아니, 오히려 강아지 환자인 주제에 의사인 저를 조용히 관찰하듯 내려다보는 것이었습니다. 아주 거만한 표정 같았습니다. 만물의 영장인 사람으로서 약간 자존심이 상하더군요. 사람을 내려다보는 장군의 애완견이 좀 건방지다고 느꼈습니다.

그 때였어요. 병원 출입문이 열리면서 중후한 중년신사가 들어섰습니다. 저는 직감으로 강아지 환자의 쥔장일 것이라고 확신했습니다. 아니나 다를까. 부동자세를 유지하던 강아지가 꼬리를 가볍게 흔든 것도 그 순간이었지요.

그뿐이었습니다. 애완견 보호자에 몇 차례 꼬리를 흔들고 나더니 다시 근엄한 표정과 몸짓으로 돌아가더군요. 강아지에게 가볍게 손을 들어 인사를 보낸 그 아저씨 역시 근엄한 자세로 소파에 앉았고 허리를 곧게 편 채 저와 강아지를 응시하고 있었습니다.

뒤늦게 알고 보니 그 주인 남자는 현역 장성이었고, 그 강아지는 장군이 애지중지하는 애완견이었습니다. 사회적 성공을 거둔 쥔장과 그의 애완견은 그렇게 유사한 분위기를 풍기고 있었습니다.

그 날 저는 [애완견과 주인은 서로 닮아간다]는 말이 아주 근거 없는 속담(?)이 아님을 확인할 수 있었답니다.

10. 제발 밥 좀 먹어라

병원 뒤 건물에 사는 [밍키]가 식구 네 명과 함께 방문했다. 밥을 안 먹는다는 이유로 몇 차례 상담해 준 적이 있는 녀석이다.

– 요즘 한 사흘 정도를 사료를 먹지 않아서 뱃가죽이 등에 붙었어요.

아빠가 그렇게 입을 열었지만 겉으로 보기엔 멀쩡하다. 몸매가 날씬하고 행동도 유연한 녀석, 비록 순종은 아니지만 식구들의 관심은 대단하다. 평상시 밥을 안 먹을 때마다 온 식구가 밍키를 둘러싸고 근심 어린 표정으로 기도하듯 마음을 졸여야 한다.

– 밍키야, 제발 밥 좀 먹어라.

그렇게 사정하면 녀석은 식구 네 명 중에 한 명을 쳐다본단다. 그 순간마다 눈도장에 찍힌 식구가 고개를 숙이며 밥 먹는 시늉을 해야 한다. 그 다음엔 아빠를 쳐다본다. 고지식한 아빠도 고개를 수그리며 밥 먹는 시늉을 한다.

– 자기 마음이 풀려야 겨우 밥을 천천히 먹어요.

밍키 엄마가 하소연하듯 말했다.

– 조만간 밥을 잘 먹도록 하는 한약 한 재 지어 드릴 테니 먹여 보세요.

밍키에게 밥을 먹이려는 식구들의 정성에 감동한 나는 한약 성분의 식욕 촉진제를 만들어 주기로 약속했다. 물론 마진 없는 실비였다.

– 하루에 한 번 산책을 시키고 조금이라도 아파하면 밤잠을 설쳐 가며 관찰을 한답니다.

밍키 엄마의 그 말을 듣고 나는 과잉 관심이란 판단으로 이런 말을 꺼낼 참이었다.

– 적절한 줄다리기가 필요합니다.

하지만 나는 입을 열지 못한다. 식구들의 깊은 마음을 아는 처지에 그 말이 목구멍에서 맴돌다가 사라진다. 그럼에도 답답하지 않다. 차라리 고맙다.

아무튼 밍키 때문에 온 식구들의 공통 화제와 합심을 이끌어 내고 있다. 애견 키우는 집안에서만 느끼는 장점이다. 애견을 키우게 되면서 사춘기 학생들이 집에 정을 붙이고 술 좋아하는 아버지가 일찍 귀가한다는 말은 많이 들어보았다.

하지만 밍키네 가족은 좀 특이한 편이다. 온 식구가 고개를 숙이며 [제발 밥 좀 먹어주소]라고 사정하는 경우란 난생 처음이다. 아무튼 밍키 녀석은 그렇게 길들여 왔다. 어릴 적 습관이 평생 간다는 말은 사람에게나 동물에게나 별 차이가 없는 듯하다.

애견의 지위는 소중하다. 이미 집 안 조율자로서의 역할을 톡톡히 한다. 결코 응석받이 노릇만 한다는 편견을 버려야 한다.

11. 홍삼이 애견을 살린다?

홍삼이 애완견을 살렸다? 과연 믿을 수 있을까요? 우선 필자의 경험담을 들어 보세요. 애견 한방 보약에 대한 에피소드를 소개합니다.

[몽실]이란 이름의 할머니 애견은 나이가 17년이나 되는 말티즈입니다. 다른 동물병원에서 수술을 권유받았지만 보호자가 결정하지 못하고 필자에게 상담을 하러 왔더군요.

- 우리 집 막내로 사랑받는 몽실이가 잘못 된다는 건 상상도 못해요.

할머니가 애견을 포옹하며 아주 단호한 말투로 입을 열었습니다.

- 수술 위험성은 나이가 많으나 적으나 있게 마련입니다. 몽실이의 나이가 많기 때문에 어느 정도의 위험을 감수하셔야 해요.

필자도 단호하게 대꾸했습니다. 위험한 수술에 대하여 결정을 내리지 못하는 애견인들의 마음을 너무도 잘 알고 있기 때문입니다. 어쩔 도리 없이 그 위험 부담을 수의사가 좀 더 짊어질 수밖에 없습니다.

우려 속에서 시작된 자궁 적출 수술은 한 시간을 넘겨서야 겨우 마칠 수 있었습니다. 내장에 유착이 심하고 조직이 많이 상한 관계로 조심스러운 손놀림이 필요한 때문이었습니다. 더 심각한 문제는 마취에서 깨어나는 데 있었습니다. 반나절 이상을 깨어나지 못하는 몽실이를 간호하느라고 허리가 휠 지경이었습니다. 고생을 사서 한다는 말이 아마도 이런 경우일 것입니다.

– 전에 검진받은 병원에서 수술을 받도록 하세요.

난감했던 필자가 수술 전에 먼저 던진 말이었습니다.

– 선생님이 직접 해주시면 안 될까요? 믿음이 가는 곳에서 수술을 받고 싶거든요.

할머니가 매달렸습니다. 사실 그렇게 나오면 거절한 명분이 사라집니다. 마음 굳게 먹고 수술을 시작한 이유였습니다.

원기 회복을 위해 수액 처치를 했고 길고 긴 시간이 흘렀습니다. 하루가 지나서야 어찔어찔 돌아다니게 된 몽실이를 퇴원시켰습니다. 귀가한 그 다음날 보호자의 전화가 왔습니다.

– 몽실이 녀석, 너무 힘이 없어요. 어떻게 하지요?

울음을 터뜨리기 직전의 할머니였습니다.

– 평소 제가 먹던 홍삼을 첨가하여 애견 한방보약을 만들어 드릴까요?

한참 망설이던 제가 조심스럽게 권유했습니다.

– 과연 그게 효과가 있을까요?

– 사람에게 신약을 적용하기 전에 동물실험을 먼저 합니다. 그 때 안전성 검사를 하는데 비글이란 품종의 개를 많이 활용해요. 개들에게 효과가 있어야 사람에게 적용한다는 원칙 때문입니다. 하지만 거꾸로 사람에게 좋은 보약이 애견에게도 좋다는 생각으로 직접 먹여 보았더니 효과가 아주 좋더군요.

– 그래요? 그럼 바로 갈게요!

할머니가 선뜻 결정을 내리더니 동물병원으로 달려왔습니다. 애견 한

방약을 처방하고 한 일주일이 지난 뒤 다시 전화가 걸려왔습니다.

– 몽실이가 회춘(回春)했어요!

그 날은 예전과 다르게 울음 대신 환한 웃음을 머금은 목소리였습니다. 약 두어 시간 뒤 할머니가 동물병원을 다시 방문했습니다.

– 정말 신기합니다.

그 날 오후 필자는 몽실이와 애견 한방보약에 대한 할머니의 찬양을 한 시간 정도 들어 줘야 했습니다. 애견도 치료하고 반려인의 고민과 감상도 들어 줘야 하는 수의사, 참으로 힘든 직업이기도 합니다.

한국의 자랑인 고려 인삼과 홍삼을 애견에게 적용하는 일, 독한 약물 투여가 아니라 예방과 건강 회복을 위한 제품화에 몰두하는 것이 필자의 숙제이기도 합니다.

12. 강아지도 슬플 때는 우나요?

– 원장 선생님, 강아지도 슬프면 우나요?

애완견 콩이의 할머니가 물었다. 그 질문이 나를 흔들었다. 콩이 녀석의 방문으로 느낀 게 너무 많다. 반려자와 애견의 관계에 대하여 새롭게 생각하는 계기를 갖게 되었다. 부모 세대의 연배에서 애견을 자식처럼 키우는 게 쉬운 일은 아니다.

– 애가 왜 이리 울어요? 원장 선상님!

콩이 할머니의 눈자위가 촉촉해졌다. 가만히 살펴보니 오늘은 뜻밖이었다. 콩이의 눈 밑이 검게 변해 있었다.

– 눈가의 털로 자극을 받아서 그래요.

내가 대꾸하면서 할머니의 눈을 훔쳐보았다. 할머니의 가슴에 쌓여 있는 슬픔과 외로움을 뱉으면 강물이 될 것만 같았다. 젊어서 남편을 잃은 할머니가 애완견을 사랑하는 이유를 알기 때문이었다.

– 슬퍼서도 우나요?

할머니가 콩이와 나를 번갈아 바라보며 조심스레 물었다.

– 그런 이유도 있을 수 있지요.

나는 얼버무리다가 말을 이었다.

– 과거에는 눈물샘을 제거하는 방법을 썼지만, 지금은 그 시술법을 쓰지 않아요. 당분간 눈물이 적게 흐르지만, 나중에 안구건조증으로 발전할 수도 있어요. 요즘에는 눈곱이나 털로 인해 막힌 눈물관을 뚫어주는 시술을 해요.

나는 터득한 지식과 경험을 내뱉었다.

– 그럼 해주세요. 돈이 들어도 안 아파야지.

한 번도 콩이와 완두의 진료비나 미용비를 깎자는 말을 안 하신다.

– 깎아 주면 뭐가 남는다고!

오히려 내 편을 드신다. 자그마한 체구의 할머니는 콩이 녀석이 안쓰럽다는 표정을 던지더니 슬그머니 돌아서서 병원을 나가신다. 애완견이 아프면 할머니도 아프고, 애완견이 불편하면 할머니도 불편하다. 애완견과 할머니는 부부 이상으로 애처롭게 사랑을 나눈다.

눈물관이란 눈물이 모여서 흐르는 관이다. 이 관이 막히면 눈물이 밖으로 흘러내린다. 애견의 눈 밑이 갈색이나 검은색으로 착색되는 원인이 되기도 한다. 이 부분의 청소를 소홀히 하면 냄새도 아주 심하게 난다.

13. 애완견도 사람을 차별한다

연립주택 2층 201호와 202호에 각각 혼자 사는 남녀가 있습니다. 독신남성 K는 201호에, 독신여성 C는 202호에 거주합니다. 1층부터 걸어 올라서 201호 앞 복도를 지나야 202호에 이를 수 있습니다.

202호의 독신여성 C는 강아지 한 마리와 살았는데, 아침이 되면 빈방에 강아지를 가두어 놓고 출근합니다. 저녁이 되면 201호와 202호의 주인들이 퇴근합니다.

202호의 애완견 녀석은 두 사람에게 각각 정반대의 반응을 보입니다.

독신여성 C가 1층 계단에 발을 올리는 순간부터 너무 반가워 낑낑거리기 시작합니다. 독신남성 K가 2층 복도로 들어서는 순간엔 저항하듯 컹컹! 짖기 시작합니다. 201호 남자에게 짖고 205호 부부에게는 낑낑거립니다.

이웃사촌의 체취를 알고도 남을 강아지 녀석이 이처럼 사람을 차별합니다. 왜 그럴까요? 강아지는 체험을 통해 201호 남자가 애완견을 싫어하는 인간임을 알고 있기 때문입니다. 그 남자가 처음 이사를 오던 날 강아지는 안 좋은 기억을 갖게 되었습니다.

– 개자식아! 짖지 마! 여긴 내 집이야!

– 개새끼! 똥개만도 못 한 놈!

낯선 냄새가 다가오자 강아지 녀석은 본능적으로 경계의 목소리를 내었고, 201호의 그 불청객(?)은 매우 거친 인사로 대꾸했습니다. 그 날부터 202호의 애완견은 저항의 목소리를 낮추지 않았습니다.

– 오늘 옆집에 이사 온 사람이야. 우리 사이좋게 지내자.

이런 말로 201호 남자가 인사를 건넸다면 상황은 달라졌을 것입니다. 아니면 202호 여성이 강아지 녀석을 안고 복도를 지나칠 때 머리라도 쓰다듬어 줬더라면 얘기가 틀려졌을 겁니다.

오늘도 202호의 애완견은 201호 남자가 출근할 때 짖었고 퇴근할 때도 짖었답니다. 205호 신혼부부가 복도를 지나칠 때마다 호의적으로 낑낑거리는 강아지 녀석이 말입니다.

14. 맹구가 사람 잡네!

– 원장 슨상님, 이놈이 뭔 품종인가유?

충청도 말씨의 오십대 아저씨가 계속 말을 걸었다. 사실 진료와 관련된 질문이라기보다는 [맹구]란 이름의 강아지가 무슨 품종인지에 대한 질문이었다. 1분이면 가능한 내용을 30분에 걸쳐 질문하는 것도 나름대로 능력은 능력 같았다. 나의 무던한 성격(?)이 아니었다면 30분이나 시간을 잡아먹는 그런 질문엔 대꾸도 하지 않았을 것이다.

그래! 참자. 병원 이전한 지 이제 두 달밖에 안 되어서 단골을 확보할 시점이 아닌가. 질문 30분에 이어 맹구를 어디서 데려오고 맹구의 어미 아비는 털의 색이 어떻고 하는 설명에 또 30분을 잡아먹었다.

수의사도 참 힘든 직업이다. 그래서 대기실, 진료실, 입원실, 검사실, 미용실 등 공간 구획을 통해 필요한 부분의 질문만 받는 것이 일반적이다. 하지만 우리 병원은 20평이 채 안 되는 작은 병원이다. 그래서 대기

실과 진료실의 구분이 없다. 좋게 말하자면 열린 진료인 셈이다.

그렇게 1시간을 넘게 이야기하더니 또 출입구에서만 10분 정도 서서 자기도취로 떠든다. 나도 서서 그 말을 들을 수밖에 없었다. 하지만 나는 3초 안에 답변했다.

– 믹스 견으로 보이네요. 잡종!

손님이 돌아가자마자 미용실장과 마주보며 맥없는 웃음을 나눴다.

– 참 힘드시겠어요. 제가 그만 가시라고 할 걸 그랬나 봐요?

– 아녜요. 어쩔 수 없지요, 뭐.

사흘이 지나자 그 주인공인 맹구가 다시 왔다.

– 얼릉 들어와, 맹구.

주인영감의 말에 잔뜩 긴장한 맹구는 못 올 곳에 왔다는 표정으로 나를 째려봤다.

– 이 놈 건강하게 생겼네요! 이리 와 봐.

내가 자상하게 나갔지만 맹구는 몸을 뒤로 빼며 싫다는 표정을 지었다.

– 앞으로 네 선생님이여! 잘 보여야 혀.

주인은 억지로 맹구를 밀어냈다.

– 맹구라고? 아직 어린 티는 나네.

– 사실 우리 내외가 시골 일손이 부족해서 좀 도와주러 가야 하는디 병원에 맡길 수 있을까유?

– 네. 그렇게 하세요. 그런데 예방접종은 되어 있나요?

– 데려온 게 두 달인데 아직 한 번도 접종은 안 했어유. 그냥 맡아 줘유.

– 그러세요. 사실 예방접종이 안 된 애견은 호텔 투숙이나 입원이 안 되거든요! 상황이 급하시다니 요번은 맡아 드리겠습니다. 하지만 다음엔 꼭 접종이 돼야 가능해요.

– 그래유. 이번엔 가면 열흘 정도 걸릴 텐데. 거 뭐시냐. 거시기 수술도

할 수 있지유?

– 네, 불임수술을 이번에 하시면 후처치를 같이 하면 되니까 이번 기회에 같이 하세요.

약간은 찜찜한 마음이 들었지만 손님의 편의를 봐 드리기로 했다.

– 맹구야. 시골 댕겨 와서 보자.

안주인이 측은한 듯 쳐다보며 인사를 건넸다.

– 선상님, 잘 보살펴 주세유.

– 네. 걱정 마시고 다녀오세요. 오실 때 육쪽마늘 좀 가져다주세요.

*　　　*　　　*

다음날 나는 미용실장에 맹구의 불임수술을 위해 수술도구를 준비해 달라고 말했다. 그 때 문득 떠오른 생각이 있었다.

– 아니야. 혹 전염병이 올 수도 있을 거 같아. 며칠 전 장염 걸려 치료받고 당분간 병원에 오기로 한 장군이 문제도 있고. 며칠 지켜보고 수술을 해야겠군. 실장님! 다음에 합시다. 아무래도 좀 맘에 걸리는 게 있네요.

말이 씨가 되었나? 위탁 3일째 되던 날, 맹구가 혈변을 봤다. 바닥에 눈 그 시커먼 변에서 전형적인 전염성 장염 냄새가 진동을 했다. 그것도 열 마리에 다섯 마리가 죽어 나가는 파보장염이었다. 비상사태였다.

– 큰일 났네! 멀쩡하게 걸어 들어와서 죽었다고 주인이 날뛸 텐데. 실장님, 수액 준비 좀 해줘요.

주말도 반납하고 일요일에도 맹구를 치료하러 나왔다. 이래저래 비용도 깎아 주고 사서 고생하는 셈이었다. 사실 전염병 치료는 상당히 어렵다. 혈액 검사에 초음파, 수액 처치 등이 필요하다. 진동하는 냄새! 파보장염의 경우는 입원 이후 5일령이면 죽고 사는 것이 결정 난다. 치료비용도 적게는 30만 원에서 50만 원이 든다.

– 맹구야! 제발 살아야 한다. 내일이면 혈변도 멈추고 사료를 먹을 수 있도록 해주라.

밤잠도 설칠 정도로 걱정되었다. 이리저리 뒤척이며 기도했다.

– 맹구야! 제발 짖어라. 그래야 내가 안심이다.

치료 개시일로부터 나흘이 되는 날, 병원 문을 열기 전에 다시 기도했다. 하지만 웬걸, 철문을 여는 순간 맹구의 우렁찬 목소리가 들려왔다.

– 아, 살았구나. 맹구가!

문을 열고 들어가는 순간, 맹구를 끌어안고 머리를 쓰다듬어 주었다. 녀석은 맥없이 처져 있던 머리도 번쩍 들고 반갑다는 표정을 날렸다.

– 나, 이젠 괜찮아요. 밥 줘요.

녀석의 눈에 그런 메시지가 담겨 있었다. 헤어진 첫사랑을 만난 것처럼 너무 반가웠다.

– 그래, 우선 사료를 좀 불려서 먹어 보자. 먹고 토하지 않으면 좀 더 줄게.

물 한 그릇을 다 비우고서 녀석이 나를 쳐다본다. 그래, 저 눈빛이다. 새로운 삶을 살게 되는 애견들의 그 눈빛은 언제나 저랬다. 나는 확신이 오는 걸 알았다.

큰일을 겪고 나니 이젠 내가 몸살이 오려나 보다. 병에 걸려서 오는 애완동물보다 이런 경우엔 몇 배로 더 신경이 쓰이는 게 사실이다. 앞으론 절대 접종이 안 되어 있는 애견의 위탁은 받지 말아야겠다. 이런 다짐을 몇 번이나 해왔지만 다시 실수를 했던 것이다.

– 우리 맹구, 잘 있나유? 며칠 더 걸릴 거 같아유. 사람이 많지 않아서 우리가 좀 더 일해야 될 상황이거등유.

– 네, 그러세요. 헌데 맹구가 장염에 걸렸다가 오늘에서야 회복했네요.

올라오시면 상세히 이야길 드리지요.

역시 주인과 애견은 텔레파시가 통하는가 보다. 딸이 아프면 엄마가 전화를 하는 것처럼 애견과 주인의 생활 속에서도 그런 사례들이 너무 많았다.

– 맹구 이놈!

나는 꿀밤 한 대를 먹였다.

– 넌 오래 살 거야. 큰 병을 앓고 나면 오래 사는 경우가 많거든.

애견을 키우려면 세 가지만 특히 주의해 한다. 사료 먹이기, 예방접종하기, 산책시키기! 아셨죠? 애견인 여러분!

15. 부정직한 애견분양 때문에 슬퍼하는 대학생 남매

1주일 전 대학생 남매가 말티즈 두 마리를 데리고 방문했다. 분양받은 후에 건강검진을 위해 온 것이다. 검사 결과 파보장염. 난감해 하는 남매와 상담한 끝에 치료가 효과를 거두면 치료비를 받기로 하고 수액 처치부터 들어갔다.

[청이]는 상대적으로 [홍이]보다 체력이 좋아 보였다. 치료 3일 만에 청이는 입맛이 살아나고 꼬리도 흔들면서 살려는 의지를 나타냈다. 홍이는 달랐다. 사흘 간 비슷한 증상을 유지하면서 나아지지도 나빠지지도 않았다. 다음날 홍이가 퇴원한 후에 급속도로 상태가 악화되었다.

애완견 분양받을 때 건강검진이 가장 중요하다

분양받은 곳이 어디냐고 물었더니 인터넷으로 구입하였다고 한다. 역시나! 질병에 걸려 있다고 분양한 사람에게 통보했더니 지방에 있으니 저녁에 통화하자고 한다. 저녁엔 아예 전화도 받지 않는다.

경기가 어렵다 보니 인터넷으로 물건만 파는 것이 아니라 동물 분양도 많이 한다. 인터넷 판매가 불법은 아니지만 판매 경로가 때때로 문제가 된다. 애견농장에서 경매장으로 간 뒤 경매장 인터넷을 통하여 일반 가정집에서 태어난 애견으로 둔갑하여 분양된다.

농장의 경우도 시설이 청결한 곳과 그렇지 못한 곳이 있다. 따라서 분양받을 때 판매자와 동반하여 동물병원에서 파보장염과 홍역, 기생충에 대한 감염 여부를 검진 받는 것이 중요하다. 분양받은 뒤 검진 비용과 치료비를 모두 애견인이 부담해야 하기 때문이다.

병든 애완견을 분양받으면 배보다 배꼽이 더 커진다.

예를 들면 분양 시 20만 원이 든 경우 파보장염의 경우 30-50만 원 정도의 치료비가 든다. 살아날 수만 있다면 애견인도 기꺼이 부담하겠지만 죽는 경우엔 난감해진다. 판매처에 문의하면 정직하게 애견을 데려오라는 곳도 있지만 전화를 의도적으로 꺼놓거나 회피한다.

결국 애견인만 울며 겨자 먹기식으로 비용이나 슬픔을 혼자 부담하게 된다. 심지어 하는 사업이나 학업에 큰 지장을 준다.

청아! 홍이를 보내주고 행복하게 살아야 한다.

애완견 청이 보호자의 부모님은 외국에서 살고 있다. 남매가 국내에서 대학을 다니다 보니 약간 외로워 애견을 키우고 싶은 생각에 인터넷으로 구입한 것이다. 빠듯한 생활비와 학비에 치료비가 부담되니 어쩔 수 없이 안락사 이야기까지 나온다. 남매의 경우처럼 많은 초보 애견인들이 비슷한 사례를 자주 경험한다.

애견을 처음 키우는 사람은 동물병원에서 애견 구입할 때 주의사항을 상세히 들어야 한다. 가정집과 농장에서 낳은 경우엔 병원의 건강검진을 통하여 질환 유무를 확인하고 구입하는 것이 필수적이다.

홍이와 청이 남매 중에 청이만 살았으니 청이가 홍이 몫까지 오래 살아 주었으면 한다. 오늘 통통해진 모습으로 청이가 방문했다. 남매가 환하게 웃으며 인사한다. 병든 강아지를 끝까지 치료하려는 남매의 생명존중 사상에 수의사인 내가 오히려 한 수 배운다.

16. 그리운 복덩어리 애완견 호크

경기도 일산 동물병원을 운영하던 시절이었다. 어느 날, 갑자기 택시기사가 병원 출입문을 열었다. 요크셔라고 하기엔 덩치가 큰 애견을 안고 들어왔다.

– 운전하던 중에 뛰어드는 바람에 치었어요. 주인은 보이지 않고.

– 맡겨 놓고 가세요.

– 잘 부탁합니다.

택시기사는 아주 미안한 표정으로 머리를 긁적이며 병원을 나갔다. 엑스레이 검사 후 우측 후지 절단수술만이 덩치 큰 요키를 살리는 길이라고 결론을 내렸다. 두 시간 반에 걸친 절단수술을 끝냈다. 헌데 체력이 어찌나 좋은지 수술 끝나고 몇 시간 만에 일어서서 돌아다니는 게 아닌가.

교통사고로 다리 하나를 잃은 호크 녀석

호크 녀석은 친화력도 좋았고 자신의 처지를 스스로 알고 있는 듯했다. 병원을 들락거리는 손님이나 애견들에게 따스하게 대하려 노력하는 모습이 역력했다. 그렇게 6개월 정도를 병원 식구로 생활하던 어느 날, 강아지라면 질색을 하는 식당 아주머니가 식사를 가져왔다.

– 어머! 쟤는 왜 저래?

아주머니는 호크 녀석의 몰골을 보고 징그럽다는 표정을 지었다. 그 때였다. 그토록 순하던 호크가 이빨을 드러내고 눈을 치켜뜨더니 아주머니에게 다가서는 게 아닌가. 그 순간, 위험을 느낀 아주머니가 병원 문을 열고 뛰쳐나갔다. 호크도 덩달아 50m 정도를 쫓아갔다.

저러다 사람 물겠지 싶었던 나도 덩달아 뒤쫓아 가 보았다. 하지만 호크는 물 수 있는 거리까지 가서는 속도를 맞추며 위협만 했다. 그러고는 아주머니가 식당으로 들어가기 무섭게 유유히 병원으로 돌아왔다.

다리 하나가 없어도 개선장군마냥 목에 힘을 주고 다니는 호크. 덜컹거리는 마음을 진정하면서 녀석의 머리를 쓰다듬어 주었다. 꾸중을 하려니까 왠지 내키지가 않았다. 자신을 불구로 만든 택시기사에게도 꼬리치던 호크가 아닌가. 진정한 애견의 대변인처럼 다시 태어난 녀석을 생각하면 혼내주기가 쉽지 않았다.

다시 3개월 뒤 너무 반가운 소식이 들어왔다. 용산에서 외국인을 상대로 리스업을 하던 노처녀 고객이 몇 차례 병원을 출입하며 호크를 유심히 관찰하더니 물었다.

– 제가 입양해도 될까요?

– 그럼요!

불구 애완견을 입양한 고객의 눈부신 발전

염려가 되는 부분도 있었지만, 아무래도 가정집에서 사는 것이 바람직하다는 판단에 흔쾌히 입양을 보냈다. 입양된 집이 2층이어서 다소 걱정했는데, 며칠 만에 2층을 단숨에 오르내린다는 주인의 말에 병원 식구들은 흐뭇한 미소를 지을 수가 있었다. 더더욱 즐거운 일은 호크를 입양하고부터 그 손님의 사업이 번창하기 시작했다는 것이다.

1년 후 그 손님이 방문했을 때 병원 식구들은 벌어진 입을 다물지 못했다. 그 손님의 사업은 일취월장했고 서해안에 몇 만 평의 땅을 마련할 수 있을 만큼 돈도 벌었다는 소리에 병원 식구들은 침을 꿀꺽꿀꺽 삼켜야 했다.

– 에고! 호크를 그냥 모시고 있을 걸 그랬나 봐!

아무튼 배가 조금 아프긴 했지만 보람을 느꼈다.

17. 강아지의 짧은 생이 남긴 그림자

알프야! 네가 조금만 더 일찍 아픔을 호소했더라면 8년이 아니라 15~20년까지는 살았을 텐데. 차라리 몸에서 피가 났더라면 병원을 일찍 찾았을 터인데.

사실 작년에 미용하러 왔을 때 어딘가가 몸이 좋지 않아 보였다. 그때 보호자에게 [종합검진을 받아 보세요]라고만 넌지시 말했어. 강요할 순 없었으니까.

경기도 안 좋고 보호자도 힘들어 하고, 몸은 특별히 드러나게 아파 보이진 않지만, 뭔가 이상하더라. 애견의료보험이 된다면 강제 검진을 받도록 했을 텐데 말이다.

애들 교육비에 허리가 휜다는 보호자의 한 마디에 말끝을 흐리고 말았다. 병원 오픈한 그 해에 고객이 된 알프는 미용하고 갈 때마다 [예방접종은 다음에 할게요] 하며 고개를 숙이던 보호자였어.

너무 늦게 병원을 찾아온 애완견 [알프]

애견에 대한 최소한의 배려는 예방접종에도 여의치 못해. 이놈의 경기는 언제 좋아지는 건지. 사람도 힘들고 애완동물도 당연히 힘들어지니, 과연 경기가 언제 살아날지.

아무튼 초기에 질병을 발견하면 치료, 식이요법, 운동요법 등을 통하여 적아도 15년까지는 살 수 있었는데 안타깝기 그지없다.

– 알프 덕분에 아이들이 사춘기를 무난히 잘 넘겨서 참 고맙게 생각했어요. 그런데 갑자기 세상을 등져서 너무 한스러워요.

알프의 보호자는 울먹였다.

– 아빠엄마, 알프 살려내!

중간고사를 앞둔 아들은 통곡했고 딸은 엉엉 울었다.

진단비와 치료비가 만만치 않아서 고쳐주고 싶어도 시기를 늦춰 생명을 잃는 애견의 삶. 10년 동안의 동물병원 경영을 통해 예방과 건강검진의 중요성을 절감하곤 한다.

요즘 들어 동물병원도 열 곳 중에 한 곳 가량이 문을 닫는다. 몸에서 피가 나오거나 3일 이상을 굶어야 병원을 찾기 때문이다. 아, 세상의 시계가 거꾸로 가는 느낌이다. 나만이 느끼는 안타까움은 아닐 것이다.

알프야, 잘 가거라. 안녕!

18. 꽃님이와 꽃돌이의 운명적 사랑

어느 날 갑자기 사랑이 찾아오다

강아지 [꽃님이]의 본명은 [춘자]였다. 분양된 집에서 더 이상 지낼 수 없어 병원 더부살이를 시작할 때, 병원 식구들이 지어준 이름이 [꽃님이]였다.

– 첫 번째 이야기 / 여자아이의 귀를 핥아 주다.

[로미]는 장기간 귀 치료를 받던 갈색의 롱다리 미니핀이었다. 어느 날 로미가 두 번째 귀 치료를 받으러 왔다. 꽃님이가 슬그머니 다가서더니 로미의 아픈 귀를 핥아주기 시작한다.

나는 그저 [단순하고 우연히 귀를 핥아주는 것이겠지] 하고 생각했다. 두 녀석은 어차피 같은 여자아이들이었기 때문이다.

사흘 뒤 로미가 다시 방문하던 날, 꽃님이가 성큼성큼 다가서더니 다시 귀에 혀를 댄다. 로미는 싫지 않은 듯 가만히 귀를 대주고 있다. 보호자도 신기한 듯 말없이 쳐다보고, 병원 식구들도 꽃님이의 행동을 주시한다.

– 두 번째 이야기 / 남자아이에게 시비를 걸다.

남자아이답지 않게 숫기 없는 말티즈 [대박이]가 병원에 예방접종을 하러 오던 날이었다. 꽃님이가 슬그머니 대박이에게 접근하더니 장난을 친다. 아프지 않게 살살 건드리고 툭툭 치면서 저항을 유도한다.

대박이가 병원 구석으로 슬슬 밀린다. 대박이의 보호자는 몹시 안쓰러워하면서도 걱정 반 호기심 반으로 지켜볼 수밖에 없었다. 그렇게 약 5분에 걸친 아슬아슬한 장면이 연출되었다.

다음 예방접종일이었다. 꽃님이가 [너 왔구나] 하는 표정으로 달려들더니 대박이를 다시 코너로 몰고 간다. 하지만 이번에는 대박이가 단단히 준비를 해 온 모양이었다. 이빨을 드러내며 화난 표정을 짓는 대박이가 귀엽다. 세 번 구석으로 몰리면 한 번 가량은 발로 차고 나온다.

결국 꽃님이가 세 번째 격돌에서 슬그머니 뒤로 밀리는 척한다. 기가 살아난 대박이가 기세등등한 표정으로 꽃님이의 앞발을 물려고 덤빈다. 꽃님이는 엄살을 떨면서 도망가는 시늉을 한다. 다음 접종일이 몹시 기대된다.

– 세 번째 이야기 / 남자아이에게 꼬리를 치는 꽃순이

병원에 미용하러 왔던 [꽃돌이]가 고아처럼 버려져 유기견이 된다. 방석 한 개를 독차지하려고 꽃님이가 꽃돌이를 경계한다. 먹을 때도 장난 아니게 의식한다.

며칠 후 꽃님이가 2층 입원실에서 나를 계속 쳐다본다. [배가 고픈가?] 하고 물과 사료를 담아 준다. 꽃님이 사료는 쳐다보지도 않고 나를 노려 보는 듯 표정을 짓는다.

– 야, 꽃님이 왜 그러냐?

꽃돌이에게 물어본다.

그 때 보았다. 꽃돌이의 눈 결막에 노랗게 낀 눈곱을. 그러고 보니 꽃돌이의 안색이 영 안 좋다. 그 전날 무심결에 진찰이 필요하겠다 싶었는데 정말 어디 아픈 모양이다.

꽃돌이를 치료하고 나서 다시 2층으로 올려 보냈다. 꽃님이의 표정이 오늘 따라 정겹고 평화롭다. 꼬리를 흔들며 다가오더니 엉덩이까지 살랑 살랑 흔든다. 이것들이 벌써 정들었나 싶기도 하다.

– 네 번째 이야기 / 질투를 유발하는 두 녀석의 애정 표현

질투를 유발하는 장면이 자주 목격된다. [우리 마님이 저렇게 배려한다면 난 참 열심히 마님을 모실 텐데]하는 생각이 들 정도였다. 간식도 꽃님이 자신에게 먼저 주면 안 먹는다. 꽃돌이에게 먼저 주어야 비로소 먹는다.

[사람 약 올리나?] 하는 생각도 든다. 애견들의 사랑 표현은 인간의 기준을 뛰어넘는다. 이 정도는 기본에 불과하다.

19. 덩치 큰 엄살꾸러기

나, 오늘도 동물병원에 왔다. 또 주사를 맞아야 한다. 동물병원 안에 강아지 친구 녀석들이 제법 여러 명이네. 얼른 주사 맞고 놀아야지. ^^*

사람들은 나 같은 강아지 종자를 [아메리카 코가스파니엘]이라고 불러. 성별을 말하라고? 물론 수컷, 아니 남자야. ^^* 체중이 얼마냐고? 몸무게는 13kg 가량 된다고 하더군.

아플 적마다 나를 챙기는 누나가 제일 좋아! 사실 난 이 병원의 유명 단골손님이지. 어릴 적부터 예방접종, 피부병, 귓병 등 때문에 자주 왔거든. 약간 지겹긴 해도 누나랑 올 때가 제일 좋아. 가끔 형이나 엄마가 데리고 올 때는 병원 호텔장에 몇 시간이나 혼자 죽치고 있어야 하거든.

우리 식구들은 굶주린 하이에나처럼 다들 바빠. 그 와중에서도 누나는 나를 데려오면 치료 받고 바로 데려가거든. 누나는 퇴근할 때나 조퇴를 해서라도 내가 아프면 반드시 챙겨 주거든. 내 몸무게 정도면 웬만한 형들도 힘들어 하는데 누나는 한 마디 불평도 없이 나를 데려오곤 해.

그래서 난 누나 앞에선 언제나 철부지 아기처럼 굴지. 물론 눈치 못 채게. ^^* 병원 식구들에게도 마찬가지야. 그러면 난 마냥 애기처럼 철부지로 살 수 있거든.

누가 귀를 건드리려면 무는 시늉을 했어. 이번엔 정말이지 많이 아팠어. 귀에 고름이 날 정도였고, 누가 귀를 건드리려면 난 무는 시늉을 했지. 아니! 누가 진짜 건드렸으면 콱! 물어버릴 수도 있어. 사정이 딱해지니까 누나는 병원으로 날 데려온 거야.

만용을 부리던 나도 병원에서는 이상하게 힘을 쓸 수가 없어. 어릴 적부터 다닌 곳이라서 예의상 물 수 없고 사실 겁도 나거든. 원장 선생님은 제법 분위기가 있는 분이거든. 저항도 가끔 해 보지만 아무 소용이 없어.

주사를 맞고 나면 진료대에서 펄쩍 뛰어내려서 바로 친구들에게 달려가지. 물론 친구들은 나의 용감무쌍하고 대범한 성격에 깜짝깜짝 놀라지만. 난 그게 정말 재미있거든. ^^*

20. 멍멍이들의 천국과 지옥

최근 들어 많은 사람들이 애완동물에 관심을 갖기 시작했습니다. 국내 애견 인구가 1000만 명을 넘어선 지 오래입니다. 애견 숍, 동물병원, 애견 분양 전문 업체, 애견 쇼핑몰, 애견 동호회(인터넷, 오프라인), 강아지 유치원 등도 계속 증가하는 추세입니다.

왜 그럴까요? 예전의 대가족이 지금의 핵가족으로 바뀌었다는 데 결정적 이유가 있습니다. 현대인들은 대부분 부부와 자녀가 독립하여 살기 때문에 우울증이나 외로움을 느낍니다. 그처럼 고독한 사람들이 애완동물을 키우면서 빈자리를 채우려고 합니다.

특히 애완동물의 유통 과정이 무척 편리해지면서 파충류나 외국의 동물들도 쉽게 만날 수 있다. 그럼에도 여전히 인간들의 사랑을 가장 많이 받는 동물은 강아지입니다. 하지만 애견인들이 늘어나면서 문제점들도 더불어 늘어납니다.

대표적인 문제점은 유기견과 유기 애완동물의 증가입니다. 어릴 때는 너무 예쁘니까 데려다 키우다가 커서 밥 많이 먹고 병이 들면 버리는 사람이 생기기 때문입니다. 한쪽에서는 강아지 유치원에 애견을 보내는가

하면, 다른 한쪽에선 키우던 애완동물을 버립니다. 멍멍이들의 천국과 지옥이 함께 존재하는 꼴입니다.

우리나라보다 더 심한 멍멍이 지옥도 존재합니다. 남미의 코스타리카에서는 아주 잔인한 사람들이 제법 많답니다. 개를 밧줄에 묶어 둔 상태로 방치하면서 굶어 죽어가는 광경을 구경거리로 만듭니다. 개가 비참하게 죽어가는 장면을 전시회에 출품하고 나서 행위예술로 간주해 버리기도 합니다.

일부이긴 하지만 한국에선 멍멍이들의 천국이 출현하고 있습니다. 월 15만 원에서 40만 원까지 부담하면서 강아지들을 유치원에 보내고 있습니다. 그러나 한쪽에서는 유기견 때문에 골머리를 앓고 있습니다.

유기견 문제를 해결하려는 대책이 도마 위에 오르기도 합니다. 서울시가 2009년 4월부터 애완견 유기와 도난 방지를 위해 소유자의 인적사항과 동물의 특징이 담긴 밥알만한 크기의 마이크로 칩을 애완견 목덜미 피하에 의무적으로 장착키로 한 것과 관련해 부작용 등을 둘러싼 논란이 제기되고 있습니다.

반려동물들도 뇌신경계에 이상이 있는 경우 자기공명영상(MRI) 검사를 간간이 실시하고 있습니다. 자석 성질이 있는 금속성 물질이 몸속에 있으면 검사의 정확도가 떨어질 수 있습니다. 그뿐이 아닙니다. 애견을 버리려고 하는 사람이 마이크로 칩을 그대로 두고 버리겠어요? 정책의 실효성에 의문을 제기하는 이유의 하나랍니다.

우리나라 애완견은 대부분 소형견으로 몸무게가 2~5kg에 불과합니다. 작은 개체들에게는 밥알만한 물질이라도 몸속에 주입하면 티가 나고 불편합니다. 사람의 손등에 밥알만한 혹이 있다고 생각하면 그 불편함을 알 수 있을 것입니다.

외국을 드나드는 애견 등 우수견에 대해 마이크로 칩을 장착하고 있지만, 서울시의 정책은 다소 앞서 가는 느낌이 듭니다. 몸집이 작은 애완견을 소유한 회원들은 마이크로 칩의 주사기 바늘이 너무 커 칩의 장착 싫어하고 있는 실정입니다.

2만 원 상당의 시술비도 좀 더 낮춰 주인의 부담을 덜어 주어야 합니다. 서울시가 좀 더 많은 전문가와 시민들의 의견을 수렴해야 합니다.

21. 인간이 개를 물면 재물손괴죄?

대부분의 애완견은 함부로 사람을 물지 않는다. 하지만 훈련되지 않은 애완견이 아주 드물게 사람을 물 경우 애완견의 주인장이 대부분 책임을 져야 한다. 몇 해 전 서울의 어느 애완견이 사람을 물었다. 재판 결과에 따라 애완견 주인이 치료비 40만 원을 부담해야 했다. 주인양반의 과실이 80%라는 게 판결 요지였기 때문이다. 애완견을 제대로 간수하지 못한 주인양반에게는 [과실치상죄(過失致傷罪)]가 적용되었다.

이웃집의 애완견 짖는 소리 때문에 잠을 제대로 못 이루는 등의 피해를 봤다며 제기한 손해배상 청구소송으로 최소 20만 원에서 최고 150만 원 가량의 손해배상액이 결정되고 있다. 결국 주인양반은 애완견을 잘 간수하지 못했다는 죄로 애완견 입양비용 이상을 또 부담해야 한다.

애완견 짖는 소리에 지친 사람이 옆집의 애완견을 인정사정없이 구타했다. 애완견이 뇌진탕으로 죽어버리자 주인양반이 가해자를 상대로 소송을 걸었다. 마침내 가해자인 사람에게 [재물손괴죄(財物損壞罪)]가 적용됐다.

다시 한 번 정리하자. 〈사람〉이 〈애완견〉를 때리거나 물어버리면 [재물손괴죄]가 되고, 〈애완견〉이 〈사람〉을 물어버리면 [과실치상죄]가 적용된다.

과실치상죄란 과실로 인하여 사람의 신체를 상해하는 죄(형법 266조 제1항)다. 이 죄의 보호 법익은 사람의 신체다. 사람의 신체는 특히 중요한 법익이므로 한국 형법은 여러 나라의 입법례와 마찬가지로 과실로 인한 상해를 처벌하고 있다. 과실상해는 폭행에 의하지 않고 과실로써 상해의 결과를 낸 경우여야 한다.

재물손괴죄란 다른 사람의 재물을 손괴 또는 은닉 기타 방법으로 그 효용을 해함으로써 성립하는 범죄를 말한다. 이 죄에서 재물이란 유체물(有體物)뿐만 아니라 관리할 수 있는 동력을 포함한다. 동산、부동산을 불문하며 동물도 재물에 해당한다. 재물은 재산권의 목적이 될 수 있는 한 반드시 경제적 가치 내지 교환가치를 가질 것을 요하지 않는다. 손괴 또는 은닉 이외의 방법으로 재물의 효용을 해하는 일체의 행위를 포함한다. 물질적 훼손뿐만 아니라 사실상 또는 감정상 그 물건을 본래의 용도에 사용할 수 없게 하는 일체의 행위를 포함한다.

다시 말해, 법률 적용에 따라 〈애완견〉의 성격이 무척 달라진다. 〈애완견〉을 〈사람〉과 비슷한 존재로 보기도 하고 〈애완견〉을 〈재물(財物)〉이나 〈음식(飮食)〉으로 간주하기도 한다. 아직도 인간의 반려동물인 개를 재산 증식 수단으로 삼아서 천대하거나 보신탕을 먹는 문화와 전통이 남아 있기 때문에 그럴 것이라는 생각이 들어 입맛이 씁쓸하다. 뉴질랜드 등 여러 선진국에서는 애완견을 인간의 친구로 규정한 법률이 존재하는데 말이다. 뉴질랜드 [동물보호규약] 제1조에 따르면 [개는 사람의 친구다]라고 선언한다. 이런 나라에서 재물손괴죄란 있을 수 없다. 물론 애완동물을 하나의 생명으로 보지 재물로 보지 않기 때문이다. 애완동물이 인간의 반려동물이라면 그저 재물로 보면 곤란하다. 생명의 존엄성 측면에서 뭔가 발상의 전환이 필요할 때다.

22. 애견의 가출과 인간의 가출

애견 [콩이]를 보살피는 우리 할머니의 사는 보람이란 큰딸 자랑에 있었다. 약 3년 동안 큰딸 자랑을 일삼는 재미로 병원 출입을 하는가 싶었는데, 어느 날부터인가 막내딸 이야기로 화제가 바뀌었다.

– 아주 못돼먹어서 딸년이 아니라 원수였어요.

사춘기 시절 젊은 기운을 참지 못하고 가출하여 그토록 애 태우던 그 막내딸, 부모에게 욕설하며 반항하던 그 막내가 교도소에도 들락거리게 되었다. 그래도 할머니는 꾹 참고 기다리며 지극정성을 다했다.

– 요즘은 막내딸이 자식들 중에서 가장 효녀라!

할머니는 막내딸 칭찬과 함께 콩이를 막내아들, 아니 막내딸 상대하듯 쓰다듬는다. 지금도 집에서 고집 센 콩이가 가장 말 잘 듣고 가장 잘 따르는 가족이 막내딸이란다. 예전의 콩이처럼 못된 막내딸을 감싸 안고 긍정적으로 받아들였더니 사람이 됐다는 것이다.

애견도 사춘기에 접어들면 성적(性的)인 성숙 단계를 거친다. 이 때 성격의 변화와 함께 이성을 찾아서 가출하는 경향이 있다. 주인은 어쩔 수 없이 목줄에 이름표를 달고 불임수술을 시켜준다.

외로운 사람들 중에 애견인이 의외로 많다. 지금처럼 독신주의자와 이혼하는 사람이 늘어나고 있다. 인간과 어울리는 것보다 애견과의 생활에 더 가치를 두는 사람이 증가하는 이유를 생각해 본다. 사회활동, 남녀관계, 가해자와 피해자, 가치와 무가치, 이타(利他)와 이기(利己), 스승과 제자, 부모와 자식, 갈등과 화해. 이러한 사회적 숙제를 스스로 풀어 가야 하는 것이 현대인의 짐이다.

23. 애완견 오도방정의 찜질방 사랑

오늘은 [오도]가 방문했다. 목에 진물이 난 것 같은데 원인 파악이 어렵다.

– 일주일 전부터 안 먹던 음식을 먹었다거나 산책할 때 어떤 일이 있지 않았나요?

내가 물었다.

– 아니오, 아무 일 없었어요.

오도의 보호자가 고개를 저었다.

– 그래도 한 번 기억을 더듬어 보세요.

– 아! 얘가 찜질하는 걸 좋아해서 이불 밑에 자주 들어가는 건 있어요.

– 그렇군요. 그게 원인입니다. 애견들은 피부가 약해서 쉽게 문제가 생깁니다. 주사 맞고 연고를 발라 주세요.

내가 처방을 내렸다. 11년 동안 애견 진료를 하면서 찜질하다 목에 진물이 나서 방문한 경우는 이번이 처음이다. 웰빙 시대가 맞긴 맞나 보다. 애견까지 찜질을 즐기는 걸 보니.

[오도]란 이름은 오도방정의 약칭이다. [오도]네 이웃 중에는 [천방지축]이라는 유기견도 있다. [오도]와 [천방지축]! 참 잘 어울리는 한 쌍이다.

24. 애견 방울이가 도둑을 쫓아내던 날

방울이가 영웅 되던 날

– 방울이 미용시켜 주세요. 미뤄 온 접종도 다 해 주세요.

방울이 엄마는 흥분을 감추지 못하고 의기양양하게 말을 이어갔다.

– 울 방울이가 글쎄 어젯밤 도둑을 쫓아냈지 뭐예요.

– 그게 무슨 말이죠?

– 새벽 4시쯤 시끄러운 소리에 울 남편을 깨워 거실에 나가 보니 글쎄, 여기 저기 뒤집어놓은 흔적이 있는 거예요. 현관문이 살짝 열려져 있고. 문 앞엔 방울이가 어깨에 힘을 주고 현관문을 향하여 짖고 있지 뭐예요? 남편은 '누가 들어왔었나 봐' 하면서 여기 저기 없어진 물건이 있는지 확인을 했어요. 분실된 물건이 없는 걸 확인하고는 '방울아 이리와 봐' 하면서 안아주는 거 있지요. 남편이 그렇게 방울이를 안아 주는 일은 처음이에요. 구박만 하더니.

평상시 돈 까먹는 놈이라고 핀잔을 받던 방울이가 그 날부터는 가정을 지키는 영웅으로 태어났다는 방울이 엄마의 자랑이었다. 방울이가 침대로 입성한 것도 그 날이었다.

– 방울이 아빠는 애견을 좋아하지 않았나 봐요?

– 그럼요. 접종비다, 미용비다 해서 꽤 비용도 들어가고 자기보다도 더 방울일 챙긴다고 질투도 심했었지요.

방울이와 엄마의 소원대로 방울이는 엄마와 아빠 사이를 차지하고 잘 수 있게 되었다. 애견도 때로는 자기 역할을 찾아서 한다. 위험을 무릅쓰고서 말이다.

제2부 요즘 개들은 짖지 않는다

25. 검둥이,
담장 위에서 발견되다

놀랍게도 우리 집 [검둥이]가 담장 위에 걸려 있었다. 낡아빠진 빨래처럼 널려 있었다. 내장이 흘러나온 상태로 봐선 상당한 저항이 있었던 모양이다. 여덟 마리의 애견 식구들 중 한 아이인 검둥이가 그렇게 죽어간 이유는 다른 데 있지 않았다. 석유곤로를 훔쳐가기 위한 도둑의 만행 때문이었다.

그 당시 동네 안에는 우리 집에만 텔레비전이 있었다. 이웃들이 우리 집으로 몰려와 권투 중계나 레슬링 중계방송을 열렬히 응원하던 시절이었다. 그렇다고 텔레비전만 대접을 받는 건 아니었다. 밥이나 찌개를 끓이던 취사도구인 석유곤로도 아주 귀중한 재산목록이었다. 그처럼 아끼던 석유곤로를 훔쳐간 도둑에 대항하다가 검둥이는 무참히 살해된 것이었다.

살아생전에 검둥이는 좋은 일만 한 게 아니었다. 그놈은 병아리들의 영원한 숙적이었다. 검둥이는 유난히 병아리들을 괴롭히던 아이였다. 그럼에도 녀석은 여덟 마리의 개들을 거느리는 가장이자 왕이었다. 튼실한 체구와 부리부리한 눈빛은 우두머리로 손색이 없었다.

우리 집 마당엔 애견들과 함께 병아리들도 키웠다. 물론 가두리를 만들어 애완견 깡패들이 넘보지 못하도록 배려는 했지만, 어느 날 그 가두리가 쓰러져 병아리들 중 절반이 목숨을 잃는 사건이 발생했다. 알고 보니 그 주범은 검둥이 녀석이었다.

석유곤로 도둑에게 살해당했던 그 이튿날, 검둥이 녀석은 결국 땅속에 묻혔다. 검둥이를 동네 뒷산 중턱에 묻어 주고 돌아오던 길목엔 애장(아이들이 죽어 묻힌 무덤)이 몇 군데 눈에 띄었다. 소름이 끼쳐 평소에 잘 지나다니지 않던 그 곳을 벗어나서 저녁 어스름한 뒷산을 종종걸음으로 내려왔다. 너무 무서웠다. 믿음과 증오의 대상인 검둥이를 내가 죽인 것 같아서 더 무서웠다.

이 글을 읽는 사람은 제발 이해하여야 한다. 그 시절의 내 나이는 여덟 살에 불과했기 때문이다. 검둥이는 우리 형제 중에서 유난히 나와의 악연이 깊었다. 어느 날, 어머니가 던져준 생닭의 머리를 뜯어먹던 검둥이가 너무 귀여워서 나는 그 놈의 머리를 쓰다듬어주려 했다. 그 순간, 검둥이는 동물적인 직감으로 날렵하게 앞발을 놀렸다. 눈 밑에선 선혈이 흘렀고 나는 공포에 휩싸였다. 날카로운 비명에 놀란 어머니가 달려오고 한참을 달랜 후에야 정신을 차릴 수 있었다. 다행히 눈동자엔 이상이 없었다. 눈 밑에 약간의 상처만 남아 있었다.

나는 반드시 검둥이를 응징하기로 결심했다. 곧장 복수의 칼날을 세웠다. 다음날 오후, 학교에서 돌아오며 해바라기 대궁을 가지고 귀가했다. 동네 아이들과 칼싸움을 벌일 때 자주 쓰던 재료가 바로 해바라기 대궁이었다. 집에 들어가기 무섭게 검둥이를 찾았다.

– 검둥아, 검둥아!

전혀 눈치 채지 못한 녀석이 아주 반갑다는 듯 꼬리를 흔들며 나타났다. 나는 기회를 놓치지 않았다. 물기를 머금은 해바라기 검(劍)으로 검둥이의 머리와 몸통을 세 대나 갈겼다. 깨갱! 단말마의 비명이 동네가 떠나갈 만큼 울려 퍼졌다. 김유신 장군의 후예로서 칼싸움으로 주름잡던 시절이라서 그런지 어렵지 않게 검둥이를 제압할 수 있었다.

하지만 나는 그 뒤로 검둥이를 무시하지 않았다. 엄마의 화해 주선으로 몰라보게 부드러운 관계를 유지할 수 있었다. 나는 지금도 충성스러운 검둥이로 기억한다. 비록 말썽꾸러기였으나 집 안의 소중한 재산을 훔쳐가려는 도둑을 상대로 대결하다 장렬한 최후를 맞은 검둥이는 내가 살아 있는 한 우리 집안의 수호자로 기억할 것이다.

검둥아, 미안하다. 그 땐 내가 너무 어려서 그저 복수의 일념으로 너를 몇 대 때린 것이니 제발 용서하라. 검둥아, 지금은 애견의 일상생활 그 자체가 인간과 교감을 나누는 반려자의 개념으로 발전했단다. 단순히 집을 지키는 게 임무가 아니라 가족 구성원으로서의 소중한 의미를 갖게 되었다. 요즘 들어서는 애견이 가족들 사이의 소원함을 화합으로 이끌어주고 있단다.

검둥아, 너는 근본적으로 선량했고 불의를 좌시하지 못했다. 나중에는 스스로 참회할 줄도 알았다. 그래서 병아리들도 함부로 물지 않았다. 그런 너를 내가 응징하려 했다니 후회막심이다. 세월이 흘러도 그 눈빛은 내 가슴에 남아 있다, 검둥아, 미안하다!

26. 요즘 개들은 짖지 않는다

– 도둑을 맞으려니까 개도 안 짖더라.

너무 유명한 우리 속담이다. 도둑놈이 침입했는데 개가 짖지 않았다니 얼마나 환장할 일인가. 개 주인은 하도 어이가 없어서 개를 죽이고 싶을 지경이다. 불법 침입한 도둑놈이 나쁜 건지, 도둑을 불러들인 집주인에 문제가 있는 건지, 절도(竊盜) 현장을 보고도 침묵한 개가 멍청한 놈인지 헷갈릴 것이다.

분명히 말하자. 사실 짖지 않는 개는 개가 아니다. 짖지 않거나 짖지 못하면 개로서의 자격을 인정할 수 없다. 정말이지 맞는 말이다. 대한민국 사람들, 특히 전통적인 한국 사람들은 이 논리를 부정하지 않는다. 그만큼 우리는 결정적일 때 짖어야 개가 개답다는 고정관념에 젖어 있다.

본디 개란 당연히 짖으면서 낯선 사람을 경계해야 한다. 주인의 눈치를 보지 말고 일단 짖고 봐야 한다. 주인이 아닌 낯선 인간에게는 가장 먼저 적개심을 드러내야 한다. 컹컹! 짖어야 정상이다. 그게 우리 민족의 버릴 수 없는 편견이다. 왜 그럴까. 한국 땅에서 개란 존재는 도둑을 지키는 파수꾼이자 맛난 음식의 재료에 불과했기 때문이다.

그런 측면에서 우리 땅의 개들은 우리 집이, 주인집이 침략을 당하거나 재물을 약탈당하는 사건이 없도록 본연의 임무를 충실히 완수해야 했다. 개는 그 임무를 알아야 진정한 개였다. 그러다가 어느 날 갑자기 인간의 필요에 따라 인간의 음식으로 변질되면 그걸로 만족했다. 그게 우리 개, 조선의 개, 한국 개의 일생이었다.

예전에 구황식품(救荒食品)이란 게 있었다. 평소에는 거의 먹지 않지만 천재지변이나 전쟁 등을 당했을 때 식량이 부족해 일시적으로 한 가지나 여러 가지를 혼용하여 굶주림에서 벗어나기 위해 먹는 식품이 구황식품이었다.

구황식품에는 야산에서 스스로 자라는 식물과 평소에는 먹지 않는 생선, 곤충, 동물 등을 비롯한 여러 종류가 있었다. 그 중에 분명히 개고기도 있었다. 우리나라 24절기의 특징이 되는 음식이 바로 보신탕이었다.

춘하추동(春夏秋冬). 봄, 여름, 가을, 겨울. 사 계절 가운데 삼복(三伏)이 있다. 초복(初伏), 중복(中伏), 말복(末伏)이 지나가는 30일 동안은 장마 뒤여서 습기가 많고 더위가 심할 때다. 그래서 계곡이나 물가에 인간들이 모여서 열이 많은 음식을 먹음으로써 더위에 지친 몸과 마음을 관리했다. 그 당시 복날 음식으로 가장 인기를 끌던 것이 바로 삼계탕과 개장국(보신탕)이었다.

보신탕은 조선 후기의 기록인 〈동국세시기〉〈경도잡지〉〈열량세시기〉에 기록되어 전한다. 하지만 알려진 사실, 우리가 알고 있는 상식과 엄청 다르다. 복날에는 개를 잡아먹는 것이 풍속으로 알려졌으나 서민들의 경우에만 해당되는 이야기였다. 사대부 양반 집안에서는 쇠고기를 얼큰하게 끓인 육개장을 개장국 대신 먹었다.

그토록 서민들의 풍속은 달랐다. 주인과 주인의 가족, 주인의 재산을 지키기 위해 부지런히 짖어대다가 운명이 다하면 주인의 뜻에 따라 살해당하고 인간의 음식으로 일생을 마감했다. 안타깝고 믿을 수 없는 역사적 사실이지만 진짜였다.

인간에 의해 죽기 전까지는 열심히 짖어 줘야 굶주린 배를 채우고 생명을 유지할 수 있었다. 짖지 않거나 짖지 못하는 개는 가장 먼저 인간의 음식, 보신탕(개장국)의 음식 재료로 일생을 마쳐야 했다.

물론 요즘 안방에서 키우는 애견들은 짖지 않는 경우가 많다. 하지만 안방 애견이 아니더라도 주인에게 문제가 많다면 개가 짖지 않을 수도 있다. 놀랍게도 엄연한 현실이 되고 있다.

27. 어느 시인의 강아지 사랑

해발 600m인 강원도 평창군의 오지 하안미 마을. 김양숙 시인은 동갑내기 남편 박동수 씨와 단둘이 살면서 수십 마리, 수십 종의 어미들과 친구 사이처럼 어울린다. 깜찍하고 귀여운 강아지들이 소복이 태어날 때마다 김양숙 시인은 인간 세계에서 느끼기 어려운 감동과 사랑을 맛본다.

- 어미의 자식 사랑

자식에 대한 어머니의 본능적인 사랑을 모성애라고 한다. 그렇다고 사람들에게만 모성애가 있는 것일까. 그건 결코 아니다. 어미들의 몸짓과 발짓, 눈빛을 아주 가까이서 지켜본 내가 강조하자면 어미의 자식 사랑은 인간의 본능적인 모성애 못지않다.

요즘 날이 밝으면 여러 종류의 어미와 강아지들이 건강한 모습으로 꼬리를 치며 주인부부를 반긴다. 북극에서 에스키모의 썰매를 끌다가 유명해진 재롱둥이 [알라스칸 말라무트], 우아한 모습의 점잖은 신사 숙녀 [콜리], 시각 장애인의 봉사자로 널리 알려진 [골든 리트리버]….

개를 기르기 시작한 지 여섯 달 남짓 되던 날, 맨 먼저 콜리가 새끼를 낳았다. 암놈 여섯 마리와 수놈 네 마리를 합하여 무려 열 마리였다. 그렇게 수많은 새끼들이 태어나던 순간부터 콜리는 정신이 빠질 정도로 분주해졌고, 주인부부는 텔레비전 모니터를 통해 녀석의 움직임을 살피기 시작했다.

콜리 녀석은 연이어 태어나는 새끼들의 탯줄을 일일이 이빨로 자른다. 다른 어미들의 가르침을 받거나 경험으로 얻은 지식이 아니어도 그 행동이 너무나 자연스럽다. 홑이불처럼 뒤집어쓰고 나온 얇은 막을 어미가 혀로 핥아 주자 새끼들이 꿈틀거린다. 미처 눈을 뜨지 못한 새끼들은 냄새에 대한 감각만으로 어미의 젖꼭지를 찾는 데 성공한다.

열 마리 새끼의 어미로서 모든 어려움을 혼자 감당해야 하는 콜리 녀석의 역할은 내가 보아도 힘겹다. 새끼들의 탯줄을 잘라서 스스로 먹어야 하고, 뒤집어쓰고 나온 얇은 막을 혀로 핥아 내어 젖을 빨 수 있도록 길을 열어 줘야 한다. 열 마리의 새끼를 그렇게 돌보며 서너 시간이 흐르자 콜리는 드디어 지쳐 버린다.

그럼에도 불구하고 콜리는 새끼들이 가장 편안하게 젖을 빨 수 있도록 길게 몸을 눕힌다. 참으로 거룩한 모성애다. 인간들은 대부분 가족의 힘을 빌려 어머니로서의 첫 날을 시작하지만 콜리의 경우는 그렇지 않다. 모든 일을 스스로 깨달아 가며 혼자 처리한다.

강아지들의 생존 경쟁은 그 순간부터 시작된다. 젖이 잘 나오는 젖꼭지를 찾아 공격해야 다른 형제들보다 배불리 먹을 수 있다. 밀고 밀리는 싸움을 거쳐 이긴 놈은 푸짐하고 맛난 어미젖을 사실상 독점하지만, 패배한 놈은 뒤로 밀려 젖을 제대로 빨지 못한다.

그럴 때마다 콜리의 따스한 관심과 자상한 배려가 드러난다. 젖을 충분히 먹었다고 판단되는 강한 새끼를 발로 밀어 내거나 외면한 뒤, 굶주려 덩치가 작아 보이는 새끼에게 접근하여 젖을 물린다. 기회를 잃을세라 젖을 빠는 연약한 강아지를 보면서 나는 콧날이 시큰해짐을 어쩌지 못한다. 인간 세계의 아름다움을 뛰어넘는 참으로 감동적인 풍경이다.

하지만 어미도 냉혹한 모습을 보일 때가 더러 있다. 새끼의 체온이 39℃ 밑으로 떨어지면 언제 사랑을 베풀었냐 싶게 등을 돌린다. 체온이 급격히 떨어지면 살아나기 어렵다는 사실을 알고 있기 때문에 나머지 건강한 새끼들이나 잘 키워 보자는 속셈이다.

그 때부터 나는 포기하지 않는다. 체온이 떨어져 죽어 가는 새끼를 약간 뜨거운 물에 담가 마사지를 해 주면 서서히 꼼지락거린다. 의사가 건강을 되찾는 환자의 모습을 보고 느끼는 쾌감이 과연 이런 것일까. 마침내 안도의 한숨을 쉬게 된 나는 버림받은 새끼를 드라이어로 잘 말린 뒤 어미의 품에 넣어 준다. 그제야 콜리는 따스한 체온을 느꼈는지 죽어 가던 새끼의 생존 가능성을 확인하고 보듬어 안는다.

어미의 모성애가 아름다운 것은 분명하지만 개들의 세계 안에도 인간 못지않은 절제력과 분별력이 있다. 새끼들이 눈을 뜨고 뛰어다닐 시기가 되면 정성껏 훈련을 시킨다. 새끼들이 젖을 먹는 기간에는 새끼들의 대소변을 어미가 알아서 처리한다. 개집 안이 몰라보게 깨끗해진 이유는 새끼들의 똥오줌을 어미가 먹어치우기 때문이다.

이처럼 모성애는 고단한 몸부림 안에서 싹이 트는 것인가? 어미들의 힘겨운 나날을 지켜보면서 나는 어리석게도 뒤늦게 고귀한 모성애의 아름다움을 발견한다. 인간 세상에서 미처 만나지 못했던 깊고 깊은 사랑처럼 느껴진다. 그렇다면 나는 그 동안 정말 헛살아 온 것일까? 왜, 이 세상에서 나는 그 모성애의 위대함을 제대로 발견하지 못했을까? 스스로 되물어 볼 때마다 그것은 나의 어리석음 때문이 아닌가 생각된다. 어머니의 고단한 일생을 당연하게 생각하며 철없는 눈으로 바라보았기 때문이다.

짐승의 세계도 인간의 세상 못지않게 아름답고 감동적이다. 새끼들이 젖을 먹는 동안 어미는 새끼들의 대소변을 맛있는 고기를 삼키듯 먹어치운다. 인간들은 자신의 배설물도 더러워 보여 눈을 찡그리며 코를 막지만, 어미의 모성애로 바라보면 새끼들의 똥오줌은 그저 자식 사랑의 상징일 뿐이다.

자기 새끼들의 똥오줌이 더러운 줄 모르는 어미의 마음이 바로 모성애의 진짜 얼굴이다. 단지 새끼들의 침실을 깨끗하게 꾸며 주고 싶은 마음만 있을 따름이다. 자기 새끼들을 즐겁고 편안하게 해 주고 싶은 그 소망만으로도 어미는 자기 새끼들의 똥오줌을 핥아먹으며 행복한 순간을 맛보는 것이다.

28. 그래, 똥 눠!
엄마가 치울게!

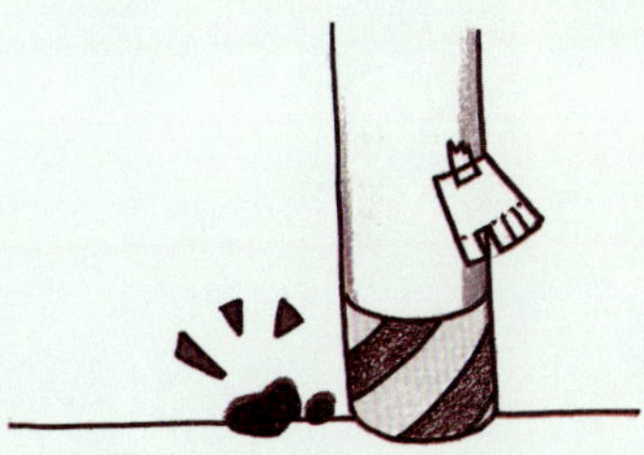

경기도 일산 시내에서 볼일을 마친 뒤 전철을 타기 위해 길을 걷고 있었지요. 예쁘장한 40대 아줌마가 애견을 모시고 산책중인 장면이 눈에 들어왔습니다.

그 때였어요. 애완견 녀석이 가로수에 다가가더니 낑낑거리더군요. 당장 대변이나 소변을 봐야 할 형편이니 부디 허락을 해달라는 신호였습니다.

– 응~! 끙가 해! 괜찮아! 그래, 똥 눠! 엄마가 치울게!

귀부인이 지나치던 나를 의식한 듯 힐끔거리며 소리쳤어요. 애완견도 안심시키고 내 공중도덕 의식에도 협조를 구하려는 제스처였습니다. 걱정하지 말라. 치우면 되잖아? 뭐 그런 뜻으로 뱉은 말이 분명했습니다.

나는 일부러 걸음을 멈추었고 빌딩을 올려다보는 척했습니다. 그리고는 천천히 걷다가 뒤를 돌아보았지요. 아니나 다를까? 가로수 밑에는 그 애완견이 실례한 증거물이 그대로 놓여 있었답니다.

– 응~! 끙가 해! 괜찮아! 그래, 똥 눠! 엄마가 치울게!

그 소리는 나를 의식한 거짓말에 불과했습니다. 그래서 일부 사람들 땜에 우리 애견인들이 욕을 먹는 겁니다.

29. 개판 5분 전이 개와 뭔 상관?

군대 생활을 체험한 남자들, 특히 어른들은 아주 혼란스럽고 무질서한 상황을 볼 때마다 이렇게 말한다.

– 개판 5분 전이군!

개들, 강아지들이 몰려들어 난장판을 만든 것처럼 판단하고 그렇게 투덜거리곤 한다. 군대를 갔다 오지 않은 사람들마저 그렇게 말하기도 한다.

– 개판이군!

그럴 적마다 억울한 피해자는 인간이 아니라 개들이다. 정말이지 개들은 [개판]을 이루며 어지럽게 놀아대는 것일까? 정말 개들은 엉망일까? 물론 인간들과 마찬가지로 개들도 혼란스러운 상황을 만들 수도 있다. 하지만 알고 보면 그 어처구니없는 말은 개들 때문에 생긴 유행어는 결코 아니다.

- 15분 전!

- 5분 전!

- 3분 전!

군대에서 어떤 일을 시작하기 전에 [15분 전] [5분 전]을 외치곤 한다. 순찰이나 검열 때 미리 준비하라는 뜻으로 그렇게 소리친다. 하지만 어떤 이유로 그런 구호를 외치는지 아는 사람은 별로 없는 것 같다. 사정이 그렇다면 [5분 전]과 [개판 5분 전]의 유래에 대해 자세히 설명해 보자.

아 참, 먼저 6 · 25사변에 관한 오해를 해결하고 넘어가자. 뭘 모르는 분은 6 · 25사변을 6 · 25전쟁이라고 표현하기도 한다. 전쟁(戰爭)이란 선전포고(宣戰布告)를 하고 나서 벌어지는 것이고, 사변(事變)이나 동란(動亂)이란 선전포고 없이 침략을 당할 때 쓰는 말이다. 따라서 6 · 25한국전쟁과 6 · 25전쟁 대신 6 · 25사변, 6 · 25동란이 써야 올바르다.

* * *

6 · 25사변 당시 중공(현재 중국)군이 인해전술로 밀려올 때였다. 정말이지 오랜 전쟁으로 한국군은 몹시 지쳤고 먹을 것이 얼마 남지 않았다. 가마솥에 밥을 지을 때면 병사들은 그 주위에서 진(陣)을 치고 방어 태세를 유지하곤 했다.

그 상황은 절박했다. 어느 시간에 나타날지 모르는 적군을 경계하는 것도 중요했다. 그러나 굶주린 배를 채우는 일도 그 못지않게 중요했다. 그리 많지 않은 양의 음식을 먹기 위해서는 가마솥 근처에 있어야 했고, 선착순 명령이 떨어질 때마다 재빨리 움직여야 남보다 조금이라도 빨리 끼니를 챙길 수 있었다.

식사시간이 되면 가마솥의 나무 뚜껑을 열기 전부터 모든 병사들은 아연 긴장한다. 어쩌나 허기가 진지 뱃속에서 꼬르륵 소리가 날 정도다. 솥뚜껑을 열기 직전, 즉 개판(開板)을 기다리는 병사들의 눈이 빛나기 시작한다.

여기서 개판이란 [열 개(開), 널조각 판(板)]을 뜻한다. 다시 말해 [개판(큰 가마솥의 뚜껑을 열다) 5분 전]부터 혼란이 극도에 달하게 된다.

[개판 15분 전]까지는 가만히 숨죽이며 지켜보다가 [개판 5분 전]을 외치기 무섭게 모든 병사들이 벌떼처럼 몰려오기 시작한다. 그 순간부터 음식 쟁탈전을 벌이고 [개판 5분 전]은 정말 난장판이 된다.

다시 정리해 보자. [개판 5분 전]의 개판은 [열 개(開)]에 [널조각 판(板)]이다. 나무 널로 된 솥뚜껑을 연다는 뜻이다.

그뿐인 줄 아는가? 6 · 25사변 당시 수많은 난민들이 생겼고, 미군 구호물자로 일명 꿀꿀이죽을 끓여서 나눠주어야 했다. 그 솥뚜껑을 열기 [몇 분 전]부터 난민들이 앞 다투어 먹을거리, 즉 꿀꿀이죽을 받으려고 덤비는 바람에 이런 말이 생겼다는 말도 있다.

또 다른 전설(?)도 있다. 옛날 우리나라에서 투견대회를 할 때 나온 말이란다. 영남지방의 투견장(鬪犬場 : 개싸움을 시키는 곳)을 무대로 쓴 소설에 이 말이 등장한다. 투견장은 정말이지 아수라장이었다. 특히 경기 시작 [5분 전]은 극에 달할 정도로 시끄러웠다.

사람들이 돈을 거는 소리, 개들이 짖는 소리, 거기다가 5분 정도를 남기고 경기 시작을 알리는 진행자의 확성기 소리 때문에 한 마디로 정신이 없었다. 이러한 투견장을 잘 묘사한 소설에서 [개판 5분 전]이 유래했다고도 한다.

30. 개 풀 뜯는 소리, 개 풀 뜯어먹는 소리

나라 안팎의 경기가 침체되고 개인의 경제 사정이 영 안 좋다 보니 급전을 구해야 할 때가 더러 있다. 이 사람의 돈을 빌려서 저 사람에게 진 빚을 갚고, 이 신용카드로 현금 서비스를 받아서 저 신용카드 사용대금을 상환하는 사람도 있다.

– 사흘 뒤 갚을 테니 백만 원만 꿔 줘라.

어느 날, 신용불량자이자 거짓말쟁이로 소문이 난 풍산개가 친구 진돗개를 찾아와 그렇게 사정한다.

– 우선 신용카드 사용대금 결제하고 나서 다시 현금서비스 받으면 바로 갚을 수 있어.

정말 사흘 뒤에 갚을 것처럼 진지한 표정으로 풍산개가 말한다.

– 개 풀 뜯어먹는 소리!

아주 오래 전부터 친구 풍산개를 불신하던 진돗개가 어처구니없다는 표정으로 대꾸한다. 말도 안 되는 소리를 한다는 뜻에서 그렇게 입을 연 것이다. 어느 시절부터인지는 몰라도 [개 풀 뜯어먹는 소리!] [개 풀 뜯는 소리!]가 유명한 속담처럼 굳어졌다.

그렇다면 말이다. 개는 정말이지 풀을 뜯어먹지 않을까? 아니다. 개도 얼마든지 풀을 뜯어먹을 수 있다. 소나 말, 염소, 토끼 등 가축의 경우처럼 풀을 뜯는다.

시골에서 놓아기르던 개들도 본디 풀을 잘 뜯어먹지 않는다. 하지만 배가 아프거나 소화불량이거나 먹은 것을 토해 내고 싶다면 풀을 뜯어먹는다. 복통과 소화불량 등을 치료하기 위한 본능적 행동이라고 간주해도 좋다. 사정이 그러니 어느 누가 [개 풀 뜯어먹는 소리!]라고 외치면 [개 배 아픈 소리 하지 마라!]는 의미로 해석해도 무방하다.

개란 육식을 즐기는 동물이긴 해도 주변 환경이나 먹이를 구하는 형편에 따라 잡식성으로 변할 수도 있다. 아니다. 개는 원래 잡식성 동물이니까 풀을 뜯어먹어도 별로 이상하지 않다. 완전 육식성인 호랑이나 표범들도 가끔 풀을 뜯어먹는데, 하물며 잡식성 동물인 개가 풀을 뜯어먹는 건 결코 우스운 풍경이 아니다.

몸 안에 기생충이 있을 경우 개나 호랑이가 풀을 뜯어먹기도 한다. 여러분도 텔레비전 화면을 통해서 호랑이가 풀을 뜯어먹는 장면을 본 적이 있을 것이다. 아무튼 야생동물은 인간처럼 몸에 이상이 나타날 때 치료약을 먹지 못하면, 자연에서 찾을 수 있는 여러 약초나 식물을 섭취함으로써 치료 효과를 기대한다.

야생동물들은 봄이나 초여름이 되면 일부러 짬을 내어 소금을 핥아먹는다. 특히 높은 산 위에서 활동하는 야생동물일수록 소금이 모이는 낮은 지대까지 위험을 감수하고 내려가 소금을 섭취하곤 한다. 집에서 기르는 가축들에게 주인이 소금을 일부러 뿌려주는 것도 그 때문이다. 이밖에도 독성이 있는 풀을 먹는 동물의 경우, 고운 진흙을 조금씩 섭취함으로써 먹은 식물의 독성을 중화시키고 있다.

개들이 풀을 뜯는 행동에는 여러 가지 이유가 있다. 첫째, 무기물 영양

성분이 부족할 경우에 풀을 뜯는다. 개가 자기 똥을 먹는 이유와 비슷하다. 둘째, 소화 불량을 스스로 치료하기 위해 풀을 뜯어먹는다. 셋째, 과격한 운동을 후 수분 부족을 느낄 때 아주 가끔 풀을 뜯어먹기도 한다.

하지만 요즘 애완견의 경우 가능한 한 풀을 뜯어먹지 않는 게 바람직하다. 소화도 잘 안 될 뿐만 아니라 바이러스에 감염될 가능성이 높기 때문이다. 개가 병을 치료하기 위해 스스로 풀을 뜯어먹던 풍경은 이제 [호랑이 담배 피던 시대]의 이야기로 남게 될지도 모른다.

– 개 풀 뜯어먹는 소리!

– 개 풀 뜯는 소리!

이런 소리 함부로 뱉을 일이 아니다. 자세히 알고 보면 개가 풀을 뜯는 현상은 전혀 이상하지 않으니까.

31. [개새끼]란 욕설은 개와 관련이 없다

– [개새끼]와 [개의 새끼]는 엄연히 다르다

포유동물(哺乳動物)이란 대뇌가 발달하여 동물 가운데 가장 수준이 높은 무리다. 암컷은 젖을 먹여 새끼를 기른다. 온갖 환경에 적응하고 진화하여 척추동물 중에서 가장 번영하고 있다. 현재 포유동물엔 4,500여 종이 있다.

포유동물이란 ▲ 새끼를 낳는 동물 ▲ 온도가 항상 일정한 항온동물 ▲ 젖을 먹이는 동물 ▲ 허파로 호흡하는 동물 ▲ 털로 덮여 있는 동물이다. 인간도 포유류에 속한다. 포유류(哺乳類)란 젖먹이 온혈동물(溫血動物)을 칭하는 말이다. 간단하게 말해, 온혈동물 중에서 날개가 달린 조류를 제외하고는 전부 포유류라고 생각하면 된다.

온혈동물이란 조류(鳥類)나 포유류(哺乳類)처럼 바깥 온도에 관계없이 체온을 항상 일정하고 따뜻하게 유지하는 동물이다. 더운피동물, 등온(等溫)동물, 상온(常溫)동물, 정온(定溫)동물, 항온(恒溫)동물이라고도 한다.

물 밖에 사는 포유동물은 엄청 많다. 호랑이, 사자, 표범, 양이, 개, 코끼리, 너구리, 하마 등이 이에 해당한다. 물 안에서 사는 포유동물로 고래를 들 수 있다. 물개, 바다표범, 수달, 해달 등도 포유동물이다. 좀 특이한 포유류가 있는데 바로 오리너구리다. 이 동물은 알을 낳은 뒤 젖으로 새끼를 먹여 키운다. 그래서 일단 포유류에 넣고 있다.

바다에서 사는 상어는 그냥 어류다. 허파가 아닌 아가미로 호흡을 하기 때문이다. 온혈동물이 아니라는 점과 젖먹이로 새끼를 키우지 않는다는 특징을 들 수 있다.

포유동물 중 가장 오래된 가축이 개다. 인간이 가장 많이 키우는 애완동물도 개다. 개는 인간과 가장 가까운 동물로서 오랜 세월 동안 인류의 사랑을 받아 왔다. 하지만 개라는 포유동물은 아주 천대를 받는 편이다. '개새끼'란 욕설을 포함하여 개살구, 개판, 개떡 등 '개'가 접두사로 쓰인 낱말은 대부분 부정적인 의미를 지닌다.

인간의 사랑을 가장 많이 받아 온 [개]가 부정적인 의미로 쓰이는 까닭은 무엇일까? 그 해답은 국어사전에 나와 있다. 국어사전을 펼치고 [개]에 관한 풀이를 보자.

개 : [접사]

1. [일부 명사 앞에 붙어] '야생 상태의' 또는 '질이 떨어지는' 뜻을 더하는 접두사.
2. [일부 명사 앞에 붙어] '헛된', '쓸데없는' 뜻을 더하는 접두사.
3. [부정적 뜻을 가지는 일부 명사 앞에 붙어] '정도가 심한' 뜻을 더하는 접두사.

국어사전의 풀이에서 보는 것처럼 [개]는 부정적인 뜻을 지니고 있는 접두사다. 예를 들면 [개떡]은 [질이 떨어지는 떡]이고 [개살구]는 [야생 상태의 질이 떨어지는 살구]다.

[개]란 낱말은 부정적인 뜻을 지닌 파생어를 만드는 접사(接辭)다. 접사란 단독으로 쓰이지 않고 항상 다른 어근(語根)이나 단어에 붙어 새로운 단어를 구성하는 부분이다. 접사엔 접두사(接頭辭)와 접미사(接尾辭)가 있다.

접두사(接頭辭)란 어떤 단어의 앞에 붙어 새로운 단어가 되게 하는 말이다. '맨손'의 '맨-', '들볶다'의 '들-', '시퍼렇다'의 '시-' 따위가 있다. 접미사(接尾辭)란 파생어를 만드는 접사로, 어근이나 단어의 뒤에 붙어 새로운 단어가 되게 하는 말이다. '선생님'의 '-님', '모가지'의 '-아지', '지우개'의 '-개', '먹히다'의 '-히' 따위가 있다.

따라서 [개]란 낱말이 접두사로 쓰인 말은 부정적인 뜻을 지닌다. 그러나 알고 보면 접두사로 쓰인 [개]와 포유류의 동물인 [개]는 관련이 없는 별개의 낱말이다. 심한 욕설 중에 하나인 [개새끼]의 경우도 [개의 새끼]란 뜻이 아니라, [하는 짓이 얄밉거나 더럽고 됨됨이가 좋지 않은 남자를 비속(卑俗)하게 이르는 말]이다.

다시 강조하자. 여기에서 [개]는 접두사 [개]이지 포유류의 동물인 [개]가 아니다. 다만 소리는 같으면서 뜻이 다른 동음이의어(同音異議語)이다 보니 언어를 사용하는 사람들이 [개의 새끼]로 오인하여 [소 새끼] [말 새끼] 등의 욕설도 만들어 낸 것이다.

32. 내 쥔장은 무늬만 임꺽정

– 노총각 임꺽정이 분양해간 나의 운명

동물병원장님이 애지중지하던 나 [썬더]가 산적(山賊)의 골방으로 끌려가던 날, 나는 무척 우울했고 엄청 서글펐다. 소위 애견인이라고 자처하던 그 새로운 쥔장의 몰골을 보자니 영락없는 임꺽정이었다. 그것도 은신하던 벽촌(僻村) 토굴에서 방금 흘러나온 도적(盜賊)의 겉모습이었다.

산적의 손바닥에 달랑 올라앉은 앙증맞은 강아지, 나는 [페키니즈]이고 여아였다. 나는 온몸이 덜덜 떨리도록 무서웠다. 노총각의 외로움이 듬뿍 풍겨오는 데다가 촌스런 분위기의 임꺽정에게 끌려가는 게 두려웠다. 하지만 예기치 않은 일이 벌어졌다. 분양받은 그 날 이후로 임꺽정에겐 동물병원 방문이 일과가 되었다.

– 이거 좀 줘요, 공짜로.

– 저건 깎아 줘요, 원가에.

그토록 추레한 산적의 언행을 지켜보던 나는 솔직히 너무너무 창피했다. 우리 아빠, 임꺽정이 양아치 깡패라니! 나는 괜히 더 무서워지기 시작했다. 아빠가 나타나면 두려울 때도 많았다. 투박한 말투와 거친 손길 때문에 임꺽정은 나의 보호자이자 적군이기도 했다.

그럭저럭 세월은 흘렀다. 마침내 내가 성년이 되어 두 번째 생리를 하던 때였다. 우리 아빠 임꺽정은 음흉한 웃음을 지으며 실실 웃곤 했다.

임꺽정은 나를 병원으로 데리고 갔다. 스스로 원치 않는 교배를 위하여 나는 억지로 엉터리 시집을 가야 했다. 몇 차례 저항을 시도했지만 속수무책이었다. 낯선 신랑을 도와주는 교배 전문가의 우악스런 손길을 뿌리칠 방도가 없었다. 역시 전문가는 뭔가가 달라도 달랐다.

결혼 이후로 출산 때까지 예전처럼 싸구려 술안주와 사료를 먹으며 산모(産母)로서의 대접을 받지 못했다. 다른 주인들은 초음파 검사, 엑스레이 검사 등 기본 과정으로 산모를 배려하는데 우리 임꺽정은 정말 그게 아니었다. 내 고통을 아는지 모르는지 그저 게슴츠레한 웃음만 질질 흘릴 따름이었다.

– 야, 개자식아! 몇 마리 낳을 거야?

아빠 임꺽정은 도무지 대책이 없었다. 난 그렇게 새끼나 낳는 짐승 취급을 받으며 임신 두 달을 지냈다. 어느덧 출산일이 다가왔다. 혼자 사는 노총각의 집엔 나와 뱃속의 아이들, 나를 위한 배려인 라디오 소리가 전부였다. 아니 그게 전 재산이었다.

배가 아파온 지 며칠이 지나도 이놈의 주인님은 그저 사료랑 먹다 남은 안주만 던져줄 뿐이었다. 내가 말을 안 해서 그렇지, 내가 입을 열면 우리 주인의 사회생활은 끝장난다. 그렇게 눈치로 협박했지만 반응이 없었다. 그래서 나의 미래는 불투명했다. 머잖아 태어날 내 새끼들의 운명도 밝아 보이지 않았다.

침대 밑은 나만의 공간이었다. 임꺽정이 술을 먹고 와도 안전한 곳이었다. 이 어두컴컴한 곳에서 아이들을 낳을 거야. 그런데 왜 아이들이 안 나오는 거지? 아무리 용을 써도 안 나온다. 어지간하게 머리가 큰 놈이 첫 아이인가 보다. 난 젖 먹던 힘까지 동원해 애를 썼어. 두어 시간 몸부림치다가 지쳐버렸어.

다시 힘을 모아 끙! 끙! 아! 드디어 나온다, 나와! 난 서둘렀어. 아이를 싸고 있는 막을 입으로 찢어 냈어. 흥건한 액체가 흐르는 와중에서 내 아이가 웅크리고 있었어. 그런데 움직임이 없었어. 머리 부위가 파랗고 숨을 쉬려는 움직임이 없었어.

난 본능적으로 알았다. 이 아이는 못 살겠구나 싶더구먼. 그래도 열심히 아이의 몸을 핥았다. 혹시 알아, 살아날지? 둘째 아이가 나오려 버둥거려도 난 첫 아이를 핥는 행동을 멈추지 못했다. 왜냐고? 너도 애를 낳아 봐! 그럼 알게 돼.

첫 아이를 포기하고 다음 아이를 낳기 위해 또 힘을 주었다. 하지만 의외로 쉽게 나오는 거야. 막을 찢고 같은 과정을 밟았다. 둘째도 움직임이 없었다. 다리에 맥이 풀리는 걸 어쩌지 못하고 난 주저앉았다.

어느 누구에게 이 충격적인 사실을 알릴까. 누가 나의 슬픔과 고통을 알아줄까. 넋을 잃고 멍하니 아이들을 바라보았다. 이젠 어떻게 하나? 기대에 가득 찬 임꺽정의 마음을 모르지 않았어. 그가 실망하는 표정이 눈에 선했다. 일단은 품고 있어 보자. 열심히 핥아 보자.

그 순간이었다. 쿵! 하는 소리와 함께 주인의 발자국 소리가 들렸다. 나의 긴장감은 극에 달했다. 자, 열심히 핥자. 힐끔거리며 열심히 혀를 놀렸지. 나를 보던 주인님의 얼굴에 화색이 돌았다.

– 야~. 낳았구나. 몇 마리지?

임꺽정이 내게로 다가오며 쾌재를 불렀다. 난 결사적으로 아이들을 끌어안았다.

– 이 자식이! 비켜 봐.

난 팔의 힘을 풀고 슬그머니 아이들의 모습을 보여주었다. 번쩍 들어

올린 주인의 손을 바라보는 내 심장은 숨 가쁘게 고동쳤다.

– 얘가 왜 차갑지? 왜 이런 거야?

손으로 비벼 보고 수건으로 문지르던 주인은 이윽고 눈치를 챘다. 눈가에 이슬이 맺히는가 싶더니 나를 와락 끌어안았다.

– 아이고, 이놈아!

임꺽정은 흐느꼈다. 놀라운 광경 앞에서 나는 어리둥절했다. 시종일관 불안에 떨던 심정이 약간 가라앉기 무섭게 주인의 안색을 살폈다. 하지만 전혀 예상치 못한 사태가 벌어졌다. 주인은 아이들을 내려놓고는 밖으로 나갔다.

얼마 뒤 임꺽정은 소주병과 고기 안주가 든 검은 비닐봉지를 사들고 귀가했다. 몇 잔을 연거푸 마시던 임꺽정은 나를 향해 소리쳤다.

– 이거나 먹어라!

그 비명 비슷한 말이 떨어지기 직전 내 앞에 고기 한 점이 놓이더군. 난 어찌해야 할지 모르는 채 그저 방바닥만 바라보았다.

– 먹어!

– 안 먹어?

– 먹어, 자식아~.

채근을 이기지 못하고 난 아이들을 살짝 제치며 고기 한 점을 입에 물었다. 그리곤 쉬지 않고 입을 놀렸다. 그러던 순간이었다. 쿵! 하는 소리에 놀라 두리번거렸어. 주인은 어느 새 곤드레만드레 고주망태가 되었는지 육중한 몸을 방바닥에 의탁하고 있었다.

갑자기 정신을 차린 나는 입에 물고 있던 고기를 뱉었다. 내가 지금 할 수 있는 일은 별로 없다. 그저 죽은 아이들을 끌어안고 있는 것뿐이야. 앞으로 벌어질 일은 나도 모르겠어. 난 그저 아이들을 품고 바라보는 것 외엔 어떤 행동도 할 수 없었어.

33. 난 섬세한 사람이 좋아

내 이름은 [샤샤]라고 해. 어제 신나게 뛰어 노는데 갑자기 무릎에 통증이 왔다. 나도 모르게 주저앉아 버렸다. 엄마가 뒤 늦게 주저앉아 낑낑거리는 나를 발견했다.

– 샤샤, 왜 그래? 어디 아파?

나는 눈으로만 말할 수밖엔 없었다. 하지만 엄마는 나를 그대로 두고 장바구니를 들고 나가셨다. 한 30분 지나서야 겨우 일어설 수 있었다. 여기저기 기웃거리며 언제 엄마가 들어오나 기다렸다. 다음날 잠을 깨고 일어서려는 순간 또 다시 무릎에 힘을 줄 수가 없었다.

– 샤샤야, 밥 먹어라.

엄마가 밥을 주려고 불렀다. 하지만 밥그릇 앞으로 갈 수가 없었다.

– 얘를 병원에 데려가야 할까 봐요.

그제야 엄마가 아빠에게 동의를 구했다. 엄마는 나를 안고 병원으로 데려갔다. 평상시에는 걸어서 가는데 오늘은 엄마가 나를 꼭 안고 갔다.

– 어디가 아파서 왔어?

원장 선생님은 날카로운 눈빛으로 내 머리부터 눈, 코, 입, 귀, 등, 꼬리, 다리로 훑어 내려갔다.

– 얘가 어제도 그러더니 오늘도 잘 걷지 못 해요.

엄마가 걱정스런 눈빛으로 나를 내려다보며 말했다. 선생님이 갑자기 나를 안더니 왼손으로 내 몸을 잡은 채 오른손으로 뒷다리를 폈다 구부렸다 하는 거였다. 나는 선생님의 손을 물고 싶은 충동을 느꼈다. 단골 병원만 아니었다면 그대로 물어 버렸을 것이다. 의리상 참았을 뿐이다.

– 무릎 관절 탈구예요. 양쪽이 다 벗어났어요. 아마 전에도 이런 일이 가끔 있었을 겁니다.

나는 선생님의 말씀에 동감한다는 뜻으로 낑낑거렸어. 전에도 몇 번 그런 일이 있었는데 엄마도 나도 잊고 지냈던 거야.

– 근본적인 방법은 수술로 교정하는 겁니다. 그 전에 통증을 줄이고 염증을 예방하는 약물 처치를 해주는 게 좋아요.

원장선생님의 그 말을 듣고 나는 안도의 한숨을 쉬었다. 마음의 준비도 없이 수술대에 올라가는 것은 너무나도 충격적인 일이니까.

– 열 마리의 애견 중에 서너 마리 이상이 슬개골 탈구가 있어요. 통증을 호소하지 않는다고 아프지 않은 것은 아니랍니다. 약물처치를 받고 일주일 후에 슬개골 탈구 교정 수술하도록 하지요.

경험 많은 선생님이 지침을 내렸다.

– 그렇게 해주세요. 샤샤야, 엄마가 미안해! 몰랐어. 그렇게 아픈 줄.

엄마는 정말 미안한 표정으로 나를 쳐다보며 쓰다듬어 주었다. 난 두 대의 주사를 가뿐히 맞고 집으로 돌아왔다. 일단 오늘은 수술대에 올라가지 않으니 얼마나 다행이야! 룰루랄라~. 다음 주의 일은 다음 주에 걱정하면 되니까.

34. 내 불알을 까야 한다고?

– 내 불알을 왜 까야 해? 불알을 까야 할 이유가 없어요! 정말예요!

몸부림치는 녀석이 그렇게 외친다 싶다. [콩이]란 이름의 애완견, 이 어린놈의 성질은 보통이 아니다. 사람으로 태어났다면 친구들 두드려 패서 감방을 몇 번이나 들락거릴 성격이다. 아, 못된 녀석! 3개월밖에 안 된 강아지가 할머니를 물기는 예삿일이고, 병원에 와서도 입질(무는 행동)이 심하다.

– 중성화 수술을 해 줘야 합니다.

때를 기다렸다는 듯이 내가 말을 던지면 할머니는 마냥 바라보시곤 했다. 꺼내고 싶은 말씀을 무척이나 아끼는 듯이 말이다. 그렇게 세월은 흘렀다.

콩이가 생후 1년이 가까워지던 시기였다. 할머니의 장녀가 콩이와 같은 품종인 말티스 [완두]를 데려 오던 날, 콩이는 범상치 않은 눈초리로 완두를 쳐다본다. 콩이와 8개월 차이가 나는 완두가 이젠 적으로 보이진 않는가 보다. 한 마디로 말하자. 콩이 녀석, 여자를 아낄 줄도 아는가 보다. 정말이지 그게 사실이라면 사람보다 낫지 뭐야.

한 달이 흘러서 완두가 예방접종을 하러 왔다. 같이 온 콩이가 몰라보게 달라졌다. 얼굴 표정도 온화해지고 그 못된 성질을 부리지도 않는다. 유식한 말 그대로 개과천선(改過遷善)한 것 같았다. 콩이 녀석의 불알을 까주자고 제의하던 내가 머쓱해졌다.

– 콩이 녀석 불알을 안 깐 게 다행입니다.

– 그럼요!

할머니가 밝게 미소 지었다. 그래, 그렇군! 할머니의 깊은 지혜와 긴 연륜 덕분에 콩이가 불임수술을 하지 않고도 주인과 잘 지낼 수 있게 되었다. 물론 병원에서도 전혀 고집 안 피우고 몰라보게 점잖아졌다. 사랑을 뭔지 알고 사랑을 시작하면서부터 부쩍 변했던 거다. 대단한 녀석, 참 귀여운 녀석이다. 콩이 그 녀석!

사람의 경우도 마찬가지다. 죄를 지었다고 벌금을 물리거나 감방에 넣는 일만이 능사(能事)가 아니다. 그 사람에 맞는 방식의 참회 방법을 개발하여 적용해야 할 것이다. 이 세상에 타고 난 범죄자가 어디 있겠는가. 콩이를 개과천선하게 만든 할머니의 지혜와 연륜에 대한 이야기 2탄을 기대해도 좋다. ^^*

35. 나를 사랑하는 술집 언니들

– 플랜더스의 개, 파트라슈 입원하다

동화 [플랜더스의 개]를 읽으셨나요? 영국의 여류작가 [위다]의 1872년 작품이죠. 벨기에 플랜더스 지방의 한 마을에서 할아버지와 함께 사는 네로 소년과 늙은 개 [파트라슈]의 서글프고도 감동적인 이야기랍니다.

포악한 주정꾼 주인님으로부터 버림받고 추위에 떨며 거의 빈사 상태에 있던 늙은 개 [파트라슈]. 우연히 목격한 할아버지와 네로 소년이 그 [파트라슈]를 구출합니다. 네로와 [파트라슈]는 매일 아침 우유수레를 끌면서 가난한 생활을 계속합니다.

하지만 화가의 꿈을 이루지 못한 주인공 네로가 [파트라슈]를 꼭 껴안은 채 차디차게 얼어 죽지요. 수많은 동화 속에서처럼 [그들은 오래 오래 행복하게 살았다]가 아니라니 참으로 비극적인 결말입니다.

나는 이른바 동화 속의 주인공 [파트라슈]처럼 [세인트버나드]란 혈통의 우수견입니다. 우리 주인님이 마당이 아닌 방안에서 나를 키우는 이유를 정확히 모르시죠? 나를 끔찍이 사랑하는 우리 언니들의 고집 때문이죠.

우리네 품종은 30킬로 이상 나가는 대형견에 속합니다. 털도 많이 빠지고 변도 많이 보는 특성 땜에 웬만하면 야외에서 생활하는 게 정상이랍니다. 더구나 나는 심한 피부병에 시달리고 있어요. 하지만 곰팡이 냄새가 풀풀 풍기는데도 우리 언니들은 나를 꼭 끌어안고 잠도 자고 놀아도 준답니다.

– 해리야! 오늘 반드시 병원에 가자. 털도 짧게 깎고 의사 선생님께 진찰도 좀 받아야 해.

나는 형의 멋진 그랜저 승용차에 올라탄 채 언니들의 안타까운 시선을 뒤로 하고 달렸습니다. 내가 당당하게 동물병원 안으로 들어서자 의사 선생님 두 분이 화들짝 놀라는 거 있지요. 솔직히 말하겠습니다. 우리 같은 품종 [세인트버나드]가 한국엔 정말 흔치가 않거든요. 영양가 높은 음식을 충분히 먹고 자란 나는 다른 집 아이들보단 훨씬 큰 편이니 의사 선생님들이 놀라는 건 당연합니다.

– 어디가 아픈가요?

의사 선생님 중에 한 분이 형에게 물었습니다.

– 네, 대충 한 달 전부터 우리 해리의 피부가 안 좋아져서 병원에 오려고 했는데 너무 늦었습니다. 냄새도 많이 나고 얼굴 여기저기가 짓물렀어요. 무척 심한 편입니다. 빨리 치료해 주지 못해서 그 동안 마음이 무척 아팠습니다. 입원을 시키는 한이 있더라도 빨리 낫게 해주세요.

형은 큰 죄를 지은 범인처럼 안절부절못했어요. 내가 그런 몰골이 된 게 모두 자기 책임인 양 울상을 지었습니다.

– 언니들의 사랑을 독차지하는 이유

그 뒤로 난 병원에서 열흘 가량 입원했습니다. 의사 선생님들의 어두운 표정과 대화를 엿들으며 나는 비관에 젖기도 했습니다. 치료 기간이 제법 걸리겠다는 말도 하더군요. 하루 두 차례씩 주사 맞고 연고 바르고 약 먹으며 버텼어요. 워낙 덩치가 크다 보니 침대 방에도 들어가지 못한 채 바닥에 이불을 깔고 자야만 했지요.

앙증맞은 애견들이 미용을 하러 하루 몇 마리씩 병원을 찾아오곤 했습니다. 어찌나 귀여운지 꽉 깨물어 주고 싶었으나 이빨을 악물고 참았어요. 내가 한쪽 발로 살짝 눌러도 다리가 부러질지도 모를 아이들이었으니 방법이 없었습니다. 어쩔 수 없이 혓바닥으로 살짝 핥아 주는 것만으로 친근감과 반가움을 표현하곤 했습니다.

닷새째가 되니까 몸에 흐르던 진물이 멈추고 통증도 가라앉았습니다. 그 날부터 의사 선생님들이 아주 고마운 분들이라는 사실을 절감하기 시작했어요. 처음엔 아프게 하는 선생님들이 밉기도 해서 몇 번 물어버릴까 생각도 해 봤지만 참기를 잘 했다는 생각이 들더군요.

동물병원에서의 그 열흘은 내 처지와 운명을 돌이켜볼 수 있는 절호의 기회였습니다. 솔직히 고백하죠. 나는 서울 중심가에서 살다가 주인님을 따라서 이 곳 변두리의 술집 골목으로 흘러온 처지였어요.

이런 이야기하면 무척 황당하고 부끄럽지만, 말 나온 김에 확실히 고백해야겠습니다. 이상야릇한 술집 없애기, 건전한 거리 만들기, 청소년 유해 환경 배척, 홍등가 일소 등의 여론에 밀린 우리 주인님이 술집을 옮긴다는 차원에서 서울 변두리로 이사를 온 거였지요.

비록 주인님의 술집에서 종업원 노릇을 하며 뭇 사내들의 술시중을 드는 언니들이지만, 얼마나 아름답고 착하고 정이 많은지 몰라요. 하나같이 나를 귀여워하는 데 그치지 않고 가끔은 부둥켜안은 채 엉엉 울기도 합니다. 그처럼 서럽게 흐느끼는 이유를 나는 정말 모릅니다. 알아야 할 이유도 없고요. 그냥 가만히 몸과 마음을 맡기고 언니들이 울음을 그칠 때까지 기다려주는 게 고작입니다.

술에 취한 모습으로 알아듣지 못할 말을 주절거리는 언니들도 있고, 마신 술을 토하며 눈물을 질금거리는 언니들도 있고, 어린 시절의 추억이나 고향 이야길 꺼내며 먼 산을 바라보는 언니들도 있습니다.

하지만 청소년 유해 환경이 어떤 모습인지, 이상야릇한 술집이란 어떤 성격인지, 홍등가가 왜 나쁜 건지 저는 정확히 모릅니다. 언니들이 나를 버리지 않고 애지중지한다는 게 다행일 따름입니다. 그러고 보면 정말이지 나야말로 행복한 애완견이지요. 돌봐줄 언니들이 주변에 많다는 게 얼마나 즐겁고 아름다운 일인가요?

어서 빨리 퇴원해야 하는 이유도 다른 게 아닙니다. 우리 주인집 언니들이나 동네 언니들에게 몸과 마음을 맡긴 채 그녀들의 하소연을 들어줘야 하는 의무가 내게 있기 때문이지요.

36. 방황하는 [돌체]

[돌체] 녀석은 오늘도 어색한 표정과 몸짓으로 엄마의 뒤를 따라 병원으로 들어섰다. 마치 감옥에 들어서는 죄인 몰골이었다. 주인 부부가 이혼 위기에 몰렸다는 소문을 듣고부터 녀석은 왠지 더 불안해 보였다.

– 못 생겼죠? 나 아니면 아무도 안 키울 거야. 불쌍하니까 키우는 거지.

보호자는 반말 투로 같은 말을 몇 번이고 반복했다. 묘한 느낌이 들었다. 그 말이 남편을 향한 독설이 아닐까 하는 생각 때문이었다.

병원 방문 초기엔 강아지들이 즐겨 먹는 고기 캔을 하루에 한두 개씩 사갔다. 물론 주인 부부가 함께 오는 날도 많았다. 몇 달 동안 캔을 사다 먹인 엄마는 드디어 피부와 관련된 질문을 시작했다.

– 못 생긴 게 피부도 안 좋아요. 얼마나 걸리겠어요? 완치하려면.

며칠 동안 약 먹이는 시도를 했지만 실패한 뒤 엄마는 입원을 의뢰했다. 그리곤 돌체가 입원하던 날부터 아침저녁으로 전화를 걸어 왔다.

– 물 좀 많이 줘요. 돌체는 평소 물을 많이 먹거든요.

정말 그랬다. 그릇에 찰랑찰랑 부어 놓은 물을 채 5분이 가기 전에 다 먹고 입맛을 다신다. 아마도 정신적 문제와 결부되어 있을 것이란 느낌이 들었다. 돌체의 주인 내외가 병원에 같이 올 때는 그다지 전투 상황으로 보이진 않았다. 돌체의 표정을 통해 짐작할 뿐이었다. 물을 많이 먹는 것도 부부싸움과 무관치 않다는 생각이었다.

쉬쭈의 특성은 잘 먹고 잘 놀고 명랑한 데 있다. 하지만 돌체는 달랐다. 물만 잘 먹고 사료에는 일절 입을 대지 않았다. 하지만 입원 사흘째부터는 사료를 먹기 시작했다. 열흘 후 퇴원할 무렵에는 어찌도 사료를 맛있게 먹는지 기특할 정도였다. 엄마도 돌체가 사료를 잘 먹는다는 말을 듣고는 의외라는 표정을 지었다.

그러나 내 예상은 적중했다. 퇴원한 뒤에 돌체의 영악함이 여지없이 드러났다. 하루를 먹지 않고 버티자 보호자가 먼저 두 손을 들었다.

– 그래, 네가 좋아하는 캔 먹어라.

결국 돌체의 승리로 돌아갔다.

–피부가 좋아진 후에도 한두 달은 먹는 음식을 주의해야 합니다.

나는 돌체 엄마에게 당부했다. 맞다. 기름진 음식은 다시 피부병을 일으키는 주범이다. 간단한 예를 들자. 피부병 치료 개시 후 눈으로 보았을 때 병이 다 나은 것 같지만, 삼겹살 한 점만 먹여도 다음 날 불거져 있는 피부병변을 볼 수 있다. 따라서 치료 종료 뒤에도 먹는 음식에 상당한 주의를 기울여야 재발하지 않는다.

돌체의 피부병 재발은 먹는 음식으로 시작되었다. 집안 식구들의 불화와 주인 부부의 이혼이 이루어지면서 돌체의 생활엔 급격한 변화가 생겼고 피부병은 더 도졌다.

더부살이하는 [돌체]

졸지에 아빠엄마가 이혼하는 바람에 오갈 데 없는 신세인 나 돌체. 아, 불안하고 초조하다. 아빠는 떠나고 집에 남은 엄마는 나를 돌볼 수가 없단다. 앞으로 난 어떻게 해야 하나? 어디서 누구의 보호를 받아야 하지? 주인이 바뀌는 건 아닌지 두렵다. 아니나 다를까, 올 것이 오고 말았다.

– 돌체가 문제예요. 누구에게 맡겨야 할지.

엄마는 어디론가 전화를 건다. 동물병원 운운하는 걸 보니 짐작이 간다. 아마도 내가 갈 곳은 사각의 작은 방, 그 철창이 쳐진 그 방안이 아닐까 싶다. 난 그 곳에만 가면 다리가 후들거리고 갈증이 난다. 아, 집에서 먹던 캔이나 간식은 이젠 끝이다. 나의 감옥생활이 본격적으로 시작되려는 모양이다.

– 알았어요. 그렇게 하지요.

엄마는 전화 통화를 마치고 나를 초점 없는 눈동자로 한동안 쳐다본다. 난 알아. 나 때문에 난감해 하는 엄마의 심정을! 이럴 땐 집을 뛰쳐나가고픈 심정이다.

– 너, 강쥐생각동물병원의 미용언니네 집에 가서 좀 있을래?

그 순간, 나는 안도의 숨을 내쉬었다. 불행 중 다행이란 이런 경우를 말하는 것이다. 아무려면 강쥐생각동물병원의 감옥보다 미용언니네 집이 백 번 낫지 않겠어?

– 어서 와라, 돌체야.

다음날, 나는 키 크고 예쁜 미용언니를 만났다. 미용할 때 절대 때리지 않고 살살 구슬려서 마무리하는 마음 착한 언니였다. 그래, 맞아. 어찌 보면 집에서 할머니의 상심하는 표정과 그 분위기보단 훨씬 나을 수 있을 거야. 지금 내가 할 수 있는 일은 식구들의 신경을 덜어주는 것뿐이야. 나는 스스로 위로했다.

미용언니의 품에 안겨서 나는 언니네 집으로 갔다. 현관을 들어가던 순간, 하얀 강아지가 나를 덮쳤다. 나는 그 순간 기절할 뻔했지 뭐야. 뒤

이어 호리호리한 몸매의 하얀 강아지도 나를 흘끔거리며 곱지 않은 시선으로 쳐다보고 있었다.

나는 배알이 뒤틀렸다. 남의 집에선 기를 못 피는 게 우리네 강아지들의 습성이었으므로 더욱 메스꺼웠다. 인간들 속담에 따르면 [똥개도 자기 집 앞에선 50% 먹고 들어간다]고 하잖아? 그래서 일단은 고개를 숙이고 차분하게 주위를 둘러보았다.

아담한 집과 조용한 분위기는 마음에 들었다. 약 10분 정도 나를 협박하며 훑어보던 [아름이] 언니 모녀는 나의 연기력에 만족하고 물러났다. 자, 이젠 방 구석구석 돌아볼까? 얼마나 있게 될지는 모르지만 잘 지내야 한다는 다짐뿐이었다.

생각보다 가벼운 신고식에 이어 나의 더부살이가 시작되는 날이었다. 이 집의 식구는 할아버지, 미용언니, 아름이 언니, 아름이 언니의 딸인 [미소]가 전부였다. 낯선 식구들의 눈칫밥을 먹어야 하는 신세가 한심했지만, 그처럼 무서운 의사선생님이 없으니 그래도 안심할 수 있었다.

우리 가문의 전통은 식성이 좋다는 점이다. 물론 먹을거리를 다른 견공에게 빼앗기지 않는 장점도 있다. 성격 좋지, 잘 먹지, 투정 안 부리지. 우리네 혈통의 장점 때문에 요즘 사람들이 가장 선호하는 품종이다. 나만 해도 100만 원 정도의 몸값을 자랑한다. 지금이야 사람들의 경제 사정이 어려워져서 그냥 데려가라고 해도 안 데려간다지만, 불과 2-3년 전만

하더라도 구하기 어려울 정도였다.

사람의 경제 형편이 어려우면 우리 애견들은 더 어려워진다. 버림받는 우리네 친구들도 해마다 늘고 있다. 하지만 나는 달라도 한참 다르다. 주인을 잘 만나서 한 달에 50만 원이나 하는 위탁비용을 지불했으니 얼마나 귀한 목숨인가 말이다.

내 처지에 미용언니네 집 안방을 차지할 순 없지만, 그래도 먹는 건 절대 양보할 생각이 없다. 그래, 난 당당히 목에 힘을 주고 있어도 괜찮아. 공짜로 있는 것도 아니잖아?

일단 [아름] 언니한테 져주고 기회 봐서 [미소]는 내 밑으로 서열을 정하면 될 거야. 우린 성질이 급하진 않거든. 더부살이에도 전략과 전술이 필요해. 미용언니 말 잘 듣고 대소변 가리기만 잘 하면 결코 구박을 받지는 않을 거야. 지금이 어느 세상이야? 애견이 집 안에선 왕이라고 왕! 오늘은 일단 불쌍하게 보이도록 웅크리고 잘 거야. 처음엔 원래 그래야 해.

우린 사람들처럼 나서지 않아. 그저 때를 기다리지. 나를 불쌍한 눈으로 쳐다보면 만사가 오케이야. 우리 엄마도 내가 그렇게 길들인 거지. ㅋㅋㅋ. 미용언니도 머지않아 나의 연기력에 말려들어 맛있는 음식도 주고 내가 원하는 대로 해 줄 거야. 오늘은 이만 자야겠다. 코고는 소린 내지 말아야지.

내가 못돼먹었다, [돌체]야

아, 이건 아닌데. 내가 왜 이렇게 지내야 하지? 우리 집에 있을 땐 비록 할아버지와 할머니가 날 좋아하진 않았으나 엄마아빠의 사랑을 듬뿍 받았었다. 그런데 이런 감옥은 난생 처음이었다.

아침에 일어났는데 문이 닫혀 있는 거야. 난 참았어. 20분 동안 꾹 참았다. 하지만 더 이상 참을 수 없었다. 어쩔 도리 없이 그 자리에서 그냥 싸버리고 말았다. 아이고, 이걸 어쩌지!

도망갈 곳도 없고 방구석에서 이제나저제나 하면서 눈치를 보는데, 미용언니가 문을 열고 들어왔다. 똥은 문틈에 끼면서 으스러졌고, 오줌은 미용언니의 발에 철퍼덕 밟히면서 요동을 쳤다. 나는 두 눈을 꼭 감은 채 고개를 돌렸다. 눈을 꼭 감으니 살이 떨렸다.

불가피하게 용변을 본 건 내 책임이지만 밟은 건 언니 책임이다. 언니가 들어올 때 당연히 주의하고 들어와야 하잖아? 애견 키우는 집은 원래 그렇게 신경 좀 써야 하잖아?

눈을 살짝 떴다. 예쁜 언니의 얼굴이 어느 새 마귀할멈의 그것처럼 변하면서 나를 향해 다가왔다. 난 구석에서 벽을 밀며 최대한 언니와 거리를 두려고 애썼다.

– 철퍼덕!

머리가 옆으로 뒤틀리던 순간, 나는 눈을 내리깔았다. 그래야 덜 혼난다는 믿음 때문이었다. 하지만 그런 억지 연기가 이번에는 전혀 통하지 않았다.

– 이놈! 나쁜 짓을 하고도 그저 버티기만 하면 다야?

예전보다 더 야단을 치는 거 있지. 그럼 말이야. 내가 아름이 언니처럼 엄살떨고 소리 지르고 그렇게 해야 하나? 그런 측면에서 내가 더 예의 바르고 더 점잖은 편이지. 그걸 언니는 몰라. 바보 언니, 내가 이 집에서 누굴 의지하겠어?

나는 미용언니의 품에 안겨 왔잖아? 원래 애견은 처음 안고 온 사람을 가장 따르거든. 그런데 웬걸, 미용언니는 내 속셈도 무시하고 마음껏 야단을 치는 거 있지. 내 참, 서러워서! 앞으로는 더부살이 두 번 다시 안 할 거야. 차라리 고아원(유기견 센터)에나 가고 말지! 10여 분 동안 그렇게 혼나고 나서 이젠 그만 하려니 생각했어. 그런데 아니었어. 언니는 나를 이불과 함께 베란다로 추방하고 만 거야. 원 세상에나!

엄마에게 반드시 이 사실을 알리고 말 거야. 한 달에 애견 양육비를 50만 원씩 주는 집이 어디 흔한가 말이야. 내가 떠들기를 하나, 밥을 안 먹나. 속 썩이는 일도 없고 그저 식탐(食貪)이 좀 강하다는 이유로 과일이나 널려진 음식이 있으면 훔쳐 와서 먹을 뿐인데 말이야.

그렇게 베란다에서 초라한 반나절을 견디어야 했다. 뜨거운 눈물이 찔끔 나왔고 가슴은 겨울 벌판처럼 황량했다. 도대체 알 수 없는 나의 미래가 두려웠다. 에라, 모르겠다! 식구들이 안 보이자, 나는 으쓱으쓱 어깨춤을 추었다. 그 날 저녁 나는 다시 방안으로 들어올 수 있었다.

다음날 드디어 나는 소변을 참았다. 이불을 뒤집어쓰고 언니가 문을 열어줄 때까지 기다렸다. 운 좋게 오늘은 언니가 좀 일찍 출근을 하는 날인지, 문 여는 시간이 빨라서 정말 다행이었다. 한 걸음에 베란다로 튀었다.

– 아~~.

– 쏴아~~.

탁재훈의 그 아름다운(?) 표정을 떠올리며 나는 자지러졌다. 탁재훈의 그 형편과 그 심사를 충분히 이해할 수 있었다.

발걸음을 돌려 방으로 들어오던 길목에서였다. 내 체액이 몇 방울 떨어져 있었지만, 난 모른 척하고 방으로 내처 들어왔다. 난 몰라! 어느 못된 강아지가 흘린 건지 알게 뭐야?

언니가 출근하는 시간이면 아름 언니와 미소 동생은 배웅을 나간다. 나는 그저 뒷줄에 서서 어정쩡하게 서 있다가 냉큼 이불을 뒤집어썼다. 오늘은 날도 춥고 그냥 이불에서 뭉그적거리며 언니가 나가는 모습을 지켜보았다.

– 저놈 자식, 출근하는데 아는 척도 안 해?

언니는 대뜸 나를 향하여 곱지 않은 시선을 보냈다. 흥, 뭐가 신나서 배웅을 하나? 난 이제 내 습관대로 살 거다! 더부살이라고 언제까지 눈치만 보며 살 필요는 없잖아?

– 어이구 불쌍한 놈. 언능 엄마한티 가야 할 것인디.

언니가 출근하면 할아버지가 가끔 내 이름을 불러준다.

– 돌체야, 어여 엄마한테 오라구 허랑께!

할아버지는 가끔 과일을 깎아 드시고 한두 개를 남겨 놓으신다. 그럼 난 이 때다 싶어 한 입에 물어오지. 아름 언니는 입이 짧은 데다 잘게 썰어 주지 않으면 먹지도 않아. 잘 됐지 뭐야. 미소는 그 엄마의 그 딸이라고 한 술 더 뜬다.

아름 언니, 애까지 낳은 년이 몸매는 미시족 저리 가라 하는 공주과야. 난 생리적으로 공주과를 싫어해. 내가 더부살이하느라 봐주고 있지만 우리 집 같았으면 완전 찬밥이었을 거다! 성격 까칠하지, 입 짧아서 주인 힘들게 하는 애들을 왜 키우나 모르겠어. 세상이 말세야. 먹고살 만하니까 저런 성격을 받아주면서 키우는 게 분명해.

그 옛날 중국에선 우리네 품종은 대접 좀 받았어. 황제가 행차할 때면 항시 옆자리를 지키는 존재였어. 왜 그랬겠어? 황제가 우리네 품종을 대접한 이유가 다 있지. 그만큼 우리네 품종은 자존심과 자긍심의 상징이었단 말이야!

37. 고양이와 유기견의 혈투

나는 도둑고양이가 아냐

난 고양이야. 그 흔한 고양이의 애칭인 나비를 내 이름으로 삼았어. 난 이 동네에서 대가족을 이루며 사는 몇 안 되는 고양이 가족의 대모라고. 사정이 그럼에도 인간들은 우리 고양이를 보면 도둑고양이라고 단정한 뒤 못 잡아서 안달이지.

하지만 우리네 세상이 인간들만 사는 곳은 진짜 아니거든. 인간들은 자신들만 사는 곳으로 착각하는 바보천치들이야. 그래도 인간들 중에는 정이 많은 사람도 있긴 있어. 하지만 우리 고양이들은 인간의 정을 있는 그대로 받아들이진 않아. 내가 알기로 간사한 것이 사람이기 때문이야. 인간들이 우리 고양이 가족을 보살펴 주려는 사실만큼은 고맙게 생각해. 그러나 우리를 강아지처럼 길들이려는 노력은 정말이지 사양하겠어. 토끼가 거북이 될 수도 없을 뿐더러 곰이 여우가 될 수도 없는 법이잖아.

우리네 나비들의 주인은 영등포상가에서 돈을 버는 상인들이야. 그들과 인연을 맺은 지도 꽤 오래 됐어. 첫 애를 가진 후 정처 없이 떠돌다

이 곳 영등포상가의 지하창고에서 애들을 낳게 되면서 시작된 인연이야. 그 애들이 또 애들을 낳았고 식구가 늘어나는 날부터 우리 나비들은 영등포상가 입주자들과 어울려 살았지.

녀석이 옆구리를 덥석 물었어.

바람이 제법 차갑게 불던 날이었어. 답답한 가슴을 이기지 못하고 잠깐 바람을 쐬러 나갔어. 그런데 돌아오는 길에 떠돌이 개를 만났지 뭐야. 모르는 척하고 지나치려는데 그놈이 나를 자기 먹이로 착각했는지 내게로 돌진하는 게 아니겠어. 내가 누구야. 열다섯 고양이들의 대모야. 어림없지. 돌진하는 방랑 견공을 살짝 피하며 몸을 뒤틀었고 급소를 향해 발톱을 휘둘렀어. 우리 고양이들은 적군의 혈관을 공격하는 데 익숙해 있지. 피가 솟구치는 순간 상대방은 당황하게 되고 그 사이에 우린 유유히 사라지는 거야. 정확한 공격에 떠돌이 견공은 움찔했지만 그 즉시 내 옆구리를 덥석 물어버렸어.

나는 몸부림쳤어. 아, 그런데 이놈이 며칠을 굶었는지 놔주질 않는 거야. 눈동자에 실린 표정도 거의 없었어. 그 잔인한 무표정을 확인하면서 사실상 미친놈이 아닐까하는 생각이 스치더군. 온몸의 힘을 잠시 빼고는

절호의 기회를 노렸지. 그 때였어. 지극히 단순하고 저돌적인 녀석은 턱의 힘을 빼고 한숨을 몰아쉬는 거야. 지금이다! 속으로 외치며 온몸을 뒤틀었고 옆에 있는 담장으로 튀어 올랐지. 멍하니 쳐다보는 견공이 불쌍하기도 했지만 그렇다고 내가 녀석의 먹잇감이 될 수는 없잖아.

돌아오는 길은 참으로 멀고멀었어. 길바닥에 뚝뚝 떨어지는 핏방울을 보자니까 첫 사랑 나비가 떠오르더군. 아이러니컬한 순간이었어. 참을 수 없는 통증 속에서도 아름다운 추억을 곱씹는 행복에 잠겼지. 가까스로 집에 들어오니 아이들 중 몇 아이만 빼고는 다들 외출중이더군. 난 주저앉아서 핥고 또 핥았어. 피가 멈출 때까지 그 짓을 반복했지.

참 순진하고 겁 많은 총각

다음날 상처 부위가 후끈거려서 걸음을 걷기가 쉽지 않았어. 상가 주인들이 가져다주는 사료를 씹으며 당분간 외출을 자제하고 몸조리나 하는 쪽으로 가닥을 잡았어. 자식들이 놀자고 다가와도 매정하게 쫓을 수밖엔 없었지 뭐야. 역시 아이들이란 눈에 넣어도 아프지 않을 존재야. 너희도 나처럼 어른이 되면 스스로 몸을 지키고 먹이도 스스로 찾아야 하는데 걱정이다.

인간 세상의 경기 침체가 지속되면서 유기된 개들이 쏟아져 나와 우리의 영역이 좁아들었지. 그럴수록 요즘 들어 더불어 사는 세상이란 걸 많이 느껴. 불과 몇 년 전만 해도 여기저기 음식물 쓰레기가 풍부해서 우리들 생활에 지장이 없었는데, 요즘엔 음식물이 담긴 쓰레기봉투를 찾기가 어려워. 그렇다고 쥐가 있는 동네도 많지 않아. 나처럼 맘씨 좋은 인간들을 만나 끼니를 해결하는 고양이도 많지 않단 말이야.

떠돌이 개와 혈투를 벌인 이후 사흘 동안 난 거의 움직이지 못했어. 사료 있는 곳까지 가지도 못할 만큼 처절하게 아팠어. 상가 주인들 중 한 명인 그 총각이 그런 나를 유심히 관찰하기 시작했던 거야. 그 총각은 겁이 많은 편이었어. 그 총각의 맑고 커다란 눈동자엔 금방이라도 눈물이 고일 것 같은 슬픔이 깊게 배어 있었지. 다가올 때마다 고양이 특유의 위협하는 소리로 으르렁거리면 내밀던 손을 바로 거둘 정도로 참 순진하고 겁 많은 총각이었어.

뭔가 심상찮은 내 반응에 그 총각은 내밀던 손길을 거두지 않고 몸을 더듬었어. 그 순간 견디기 어려운 통증이 엄습했어. 난 총각을 응징했어. 손등을 가볍게 할퀴었던 거야. 예상대로 총각은 두려움에 움찔했어. 그러나 머리를 쓰더군. 두터운 면장갑을 낀 손으로 나를 종이 박스에 집어넣더니 어디론가 데려갔지. 마구 흔들리는 걸 보니 자전거에 박스를 실은 모양이었어. 온몸이 욱신거리고 속까지 울렁거렸지. 이 총각이 나를 어디로 데려가는 건지 알 수 없었어. 하지만 직감적으로 나쁜 곳으로 가는 것은 아니지 싶더군.

종이 박스가 열리던 순간, 하얀 가운을 입은 인간이 내 몸을 덥석 잡았어. 너무도 순간적으로 벌어진 일이라서 반응을 보이긴 어려웠어. 테이블에 나를 올려놓더니 총각과 이런저런 이야길 나누는 거야. 총각은 내 눈빛만 봐도 두려운 표정을 짓곤 했는데, 흰 가운 입은 아저씨는 정말이지 다르더군.

38. 고양이와 유기견의 혈투 2

나를 살려준 인간들의 정성

소위 동물의사라는 아저씨가 상처 옆으로 손을 얹었어. 깊은 통증이 느껴질지도 모를 순간에 대비하여 나는 발톱을 세우고 있었지. 그래, 조금만 더 환부에 다가오면 난 용서하지 않겠어. 그 때였어. 아픈 부위 언저리를 만지던 동물의사가 내 눈을 빤히 들여다보더군. 전혀 두려움이 없다는 표정이었어. 총각의 눈빛과는 너무나도 틀렸지. 그 순간부터 이 낯선 인간에게 나를 해칠 의도가 없을 거란 느낌이 들었어. 아냐, 그래도 참을 수 없이 아프면 가만 두지 않을 거야. 그렇게 잠시 동안 저울질을 하던 중이었어. 용케도 인내의 한계를 느끼지 않는 선에서 그 손을 치우더군. 동물의사 옆에서 나를 지켜보던 총각의 눈빛은 엄마의 손길처럼 온화했어. 마침내 총각은 나를 남겨두고 동물병원을 나갔어.

처음 보는 인간들이 나를 둘러싸고 이러쿵저러쿵 말을 나누더니 한 사람이 두꺼운 장갑을 끼고는 내 몸통을 잡았어. 그 순간, 옴짝달싹할 수 없는 내 처지에 놀랐어. 거의 완벽하더군. 나의 모든 행동은 일시에 정지될 수밖에 없었지 뭐야. 따끔한 느낌의 주사를 두 대 맞았어. 잠시 뒤 난 밀려오는 졸음을 참지 못했지 뭐야.

정신을 차렸을 때는 옆구리가 욱신거리며 아파왔어. 내 목에 무엇인가가 씌워져 있었어. 알고 보니 수술한 부위를 입으로 뜯을까 봐 채워 논 거였어. 수술 전의 옆구리가 허전했던 느낌과 다르게 허리가 쑤시고 아려왔지. 허한 느낌과 아픈 느낌은 큰 차이가 있거든.

생각을 행동으로 실천하는 사람

그 날부터 열흘 정도 난 개 냄새가 풍기는 방안에서 입원생활을 시작했어. 상상만 해도 치를 떨게 하던 견공 녀석들이 병원에선 하나같이 순한 양처럼 구는 게 놀랍더군. 몸이 아픈 녀석들과 지내면서 애완견들의 또 다른 면모를 보게 되었어. 그토록 고양이를 잡아먹지 못해 안달하던 녀석들도 고통을 참지 못하고 소리를 지르는 거 있지. 고소하기도 하고 불쌍하기도 했어. 내 상처 부위는 자그마치 20센티 가량이나 되었어. 대수술을 받아야 했어. 며칠 간 염증이 진행되는 바람에 부패한 피부의 일부분을 도려내야 했던 거야. 1차 수술 후에도 워낙 염증이 심했으므로 다시 피부가 뜯겨지고 2차 수술까지 해야만 했어. 퇴원하던 그 날, 난 총각의 눈빛에서 만족감과 난처함이 엇갈리는 표정을 느낄 수 있었어.

영등포상가 주인들 중에서 유독 그 총각만이 상처 입고 죽어가던 나를 끔찍이 배려했어. 다른 주인들도 안타까워하기는 마찬가지였으니 그저 마음뿐이었어. 솔직히 말하자. 말로만, 아니 생각으로만 그치는 건 누구나 할 수 있잖아. 하지만 그 총각은 경제적 출혈을 감수하면서까지 나를 살리려고 팔소매를 걷어붙였어. 다행스럽게도 동물병원에서 수술비와 입원비를 대폭 깎아 주는 바람에 그 총각이 경제적 부담을 감당할 수 있었던 거지.

우리 고양이 가족 열다섯은 태어난 이래 단 한 번도 예방접종을 받지 못했어. 먹고 자는 문제를 해결해 준 영등포상가 사람들에게 그 이상의 도움을 기대하는 건 과욕인 줄은 나도 알아. 사실 따지고 보면 더 이상의 관심과 배려는 나라에서 해결해야 할 문제이거든. 때문에 나는 영등포 상가 사람들을 원망하거나 더 이상의 관심을 기다릴 염치도 없어.

하지만 나는 지금 자신 있게 말할 수 있어. 만약 인간으로 환생하는 기회가 내게 주어진다면, 그 총각처럼 생각을 행동으로 실천하는 사람이 되고 싶어. 행동하는 양심이 되고 싶단 말이야. 물론 고양이를 괴롭히는 강아지들은 혼쭐내주는 것도 잊지 않을 거야.

39. 고봉산으로 오라, 개들아!

사람들은 아이 낳을 때 여간 난리가 아니다. 우리넨 애가 나오면 이빨로 태반을 물어뜯고 양수가 흘러나오면 다시 새끼를 싸고 있는 막을 뜯어내 핥아 준다. 이처럼 신비로운 장면을 왜 사람들은 병원에 가서 낳는지 모르겠다.

물론 골반이 작다거나 새끼의 머리가 너무 큰 경우는 사람처럼 제왕절개를 통해서 낳기도 해. 하지만 대부분 통증을 이겨 내면 조금 늦게 나오더라도 자연분만을 하게 되지. 내가 왜 이런 이야기를 꺼냈는지 모르겠네.

나는 벌써 주인이 몇 번이나 바뀌었는지 모른다. 어릴 적엔 농장에서 합숙을 했지. 생후 1개월 령에 조실부모하고 초등학생이 있는 집으로 갔다. 여러 친구들 중에 내가 제일 활동적이라고 나를 선택한 거다.

나는 목에 힘을 주며 친구들 보란 듯이 당당하게 위세를 떨었다. 그때만 해도 내 견공 생애가 잘 풀릴 줄 알았다. 그렇게 나는 어리석었다. 처음 며칠 동안은 초등학교 다니는 형이 항상 나를 안고 다녔어. 친구네 집이며 집 앞 놀이공원이며.

한 일주일이 지나니까 형은 장난감에 빠져서 나는 처다 보지도 않는 거야. 배가 고파서 낑낑거려도 [저리가!] 하면서 나에게 눈을 부라리는 거였다. 참, 기가 막혀서. 좋다할 땐 언제고 이제 와서는 아는 척도 안 하고.

엄마는 원래 우리 같은 개를 좋아하진 않았다. 형이 고집하니까 어쩔 수 없이 나를 입양해서 온 거였다. 아빠는 날 싫어하진 않지만 일이 바빠서 새벽에나 들어오지. 그래서 난 마음을 둘 곳을 몰랐어.

그러던 어느 날이었다. 그 날은 휴일이라 아빠가 집에서 쉬는 날이었다. 아빠와 엄마는 나를 쳐다보면서 작은 소리로 비밀이야길 하듯이 소곤거렸다. 난 귀를 쫑긋하면서 무슨 이야기인가 알아보려고 주의를 기울였다.

– 이제 당신도 둘째 아이가 태어나면 초롱인 다른 곳으로 보내야 할 거야. 어제 아버지와 어머니가 전화를 하셔서 그렇게 하라고 말씀하시더라고. 당신 생각은 어때?

– 나도 그래요. 내 몸도 힘이 드는데 초롱이 수발하는 게 쉽지가 않아요. 석만이 녀석이 좋다할 땐 언제고 이젠 사료 주는 일도 안 하려고 하니 우리 집에 있어 봐야 천덕꾸러기밖엔 안 되잖아요?

– 그래야 할까 봐! 내가 동료들 중에 키울 사람이 있는지 알아볼게.

– 그래요. 내가 뭐라 그랬어요? 석만이 성격에 며칠 못 갈 거라고 했잖아요. 딱 일주일예요. 초롱이랑 놀아준 기간이.

– 그래. 정 안 되면 시골 아버지 댁에 데려다 놓아야지.

난 분위기를 대번에 알아버렸다. 지금 내 나인 4개월밖엔 안 됐지만, 나도 이 집에서 많은 노력을 했다. 집에 온 지 2주일 만에 대소변 다 가렸고, 아빠가 새벽 2시든 3시든 들어오시면 반갑게 맞이하는 등 내 본분을 다 했다. 그런데 뭐야. 날 선택할 땐 언제고 사춘기도 지나지 않은 나를 다른 곳으로 보낸다? 정말이지 인간들은 무심해. 자기 자식이라면 이렇게 하겠냐?

한 주일이 흘러가고 우리 식구들은 부지런히 내 사료와 집, 가방, 샴푸, 빗 등을 챙겼다. 난 지그시 눈을 감았다. 이럴 바엔 엄마 찾아 삼만리 길이라도 떠나야 할까 봐. 아빠 차를 타고 난 생각했다. 앞으로 펼쳐질 나의 견공 생애에 대하여. 새로운 주인은 혹시 무서운 사람이 아닐까? 들리는 소문엔 까칠한 성격의 주인을 만나면 견공 생애가 꼬인다는 거야. 난 기도했어. 믿을 사람은 없다. 스스로 살아갈 준비를 하고 새로운 주인을 만나면 정을 주지 않겠다고 다짐했어.

– 초롱아! 잘 가라~.

내가 차를 타기 전에 형은 대수롭지 않게 말했다. 형은 그 한 마디를 내뱉고는 장난감을 손에 들고 다시 방으로 들어가는 거야. 정말 왕재수였다. 저런 형을 형으로 믿고 따랐던 내 자신이 얼마나 비참한지, 한시라도 빨리 이 집을 떠나는 게 좋겠다고 생각했다.

두어 시간쯤 차를 타고 가는데 속이 안 좋아 뭐가 올라오려는 걸 억지로 참았다. 그런데 차를 탈 땐 음식을 먹지 않아야 한다고 사료도 안 먹었더니 자꾸 올라오는 거야. 참을 만큼 참았지만 결국 바닥에 토했다. 엄마는 얼굴을 찡그리며 말했다.

– 이놈이 끝까지 나를 힘들게 하네! 나쁜 놈. 여보! 휴지 좀 줘요.

난 배신감에 치를 떨었다. 떠나는 마당에 이런 대접을 받다니. 힘은 없지만 달려들어 입이라도 물어버리고 싶었다.

– 여보, 초롱이에게 너무 뭐라고 하지 마. 우리 잘못이 크다고. 아무리 내 자식이지만 석만이 녀석, 책임감이 없는 거야. 그 녀석 집에 가면 혼 좀 내야 할까 봐. 초롱아! 가서 행복하게 살아라. 우리 잘못이 더 크단다.

역시 아빤 나를 마음속으로 좋아했었던 거다. 남자다운 아빠의 한 마디에 난 치밀어 오르는 배신감을 억누를 수 있었다. 내가 도착한 곳은 고양시의 고봉산 자락의 시골 마을이었다. 어릴 적 아련히 생각나는 애견농장이 있었던 곳과 좀 비슷하다는 느낌이 들었다. 혹시 견공 엄마가 나를 찾아서 뛰어나오진 않을까 두리번거리기도 했다. 물론 그런 행운이 내게 오진 않았다.

– 이놈! 잘 생겼네? 이 인물에 왜 쫓겨나게 됐나?

아빠보다 나이가 좀 젊은 아저씨가 나를 넘겨받으면서 반갑다는 표정을 지었다. 나는 눈빛을 보면 사람들의 성격을 바로 파악해. 투박하게 생겼지만 따뜻한 마음을 읽을 수 있었다.

– 여보! 빨리 가요. 석만이가 집에서 기다리잖아요. 오늘 석만이 장난감 사주기로 했단 말이에요.

– 그래, 가자. 초롱아! 가끔 놀러올게. 형하고.

아빠가 마지막 작별 인사를 건넸다.

– 오지 마세요. 날 버리고 가는 주제에 오기는 뭐 하러 와요? 게다가 형은 무슨 얼어 죽을 형이란 말이에요? 다시는 보고 싶지도 않아요.

난 속으로 외쳤다. 아빠 차가 떠나는 것을 보지도 않은 것도 그 때문이었다.

– 네가 서운한 게 많았나 보구나. 외면하는 걸 보니. 이곳엔 친구들도 많고 자유롭게 뛰어놀 수 있으니 더 좋을 수도 있단다.

새로운 주인은 나를 지그시 쳐다보더니 그렇게 말했다. 그랬다. 고봉동이란 곳은 우리 개들이 지내기 참 좋은 동네였다. 처음 한 달은 여러 형님들에게 신고식을 하느라 좀 힘이 들었지만, 무관심한 서울에서의 삶보다는 훨씬 나았다. 오전에 밥을 먹고는 삼삼오오 짝을 지어 고봉산 언저리를 놀러가는 게 우리네 고봉산 자락 견공들의 일과였다. 어느덧 여기 온 지도 5년이 흘렀다. 이 동네에선 나도 중견급 고참이 되었다.

우리 주인은 혼자 산다. 우리 견공들에게 이래라 저래라 참견을 않는다. 그저 끼니를 해결해 주고 그만이다. 우리 견공들의 자유와 평화를 존중할 줄 아는 인간이었다.

– 너무 멀리 나가면 길을 잃어버리니 조심해라!

그렇게 말하는 게 잔소리의 전부였다. 그 덕분에 이 동네에서 나는 여자 친구도 사귀었다. 얼마 후면 내 새끼도 볼 수가 있다. 순둥이는 사실 형님들이 좋아했지만 스스로 나를 택한 건 순둥이였다.

나도 새끼를 가진 아버지가 된다는 사실에 뿌듯함을 느꼈다. 새끼를 가지면 마음가짐도 옳게 유지하며 살아야 한다고 다짐했다. 나는 새끼가 태어나자마자 제대로 된 교육을 시킬 거야. 서울 그 집 형 석만이처럼 무책임한 아이로 키우진 않을 것이다.

40. 스무 명의 애첩을 거느린 발바리

이번에 출사표를 던진 나는 서울 영등포에 사는 발바리다. 좀 솔직하게 고백하자. 내 주인은 영등포 당산동1가 골목에서 작은 식당을 했었다. 주로 3,500원짜리 백반을 취급하는 허름한 식당이었다. 그런데 어느 날 주인 부부가 식당을 그만두면서 나를 두고 떠나버렸다. 그 뒤 평택식당을 인수한 중년여자가 나를 돌봐주고 있다. 그렇게 부모를 잃은 아이처럼 집도 없이 절도 없이 도심의 보도블록 위나 골목식당 앞 출입구에서 지내게 된 지도 어느덧 5년이 넘었다.

떠돌이 개, 유기견 신세가 된 나는 하루 종일 영등포 일대를 누빈다. 당산동 평택식당에서 끼니를 해결하기 무섭게 발길을 재촉한다. 많은 사람들이 모이는 영등포구청 옆 공원, 영등포시장, 영등포 역, 대한민국에서 가장 무질서한 영등포 청과물시장, 열린우리당 당사가 들어선 농협 공판장 자리 등 안 가는 곳이 없다. 워낙 뻰질나게 배회하다 보니 어찌나 유명해졌는지 영등포 지역에서 나를 모르면 간첩이라는 유행어가 떠돌 지경이다. 국회의원이나 구의원에 출마해도 당선 가능할 것이라고 비아냥거리는 인간들도 없지 않다.

좀 더 구체적으로 말하자면 서울 영동포구는 아주 유명한 지역이다. 우리가 좀 멸시하는 인간들이 국회라던가 입법부 모임 장소라던가 뭔가 하는 건물을 영등포구 여의도에 만들었다. 그 바람에 나는 영등포 일대에서 어떤 일이 일어나는지 대충은 다 알 수 있다. 이래 뵈도 내게는 여자 친구가 스무 명도 넘는다. 사실상 개들이 내 정보원이나 다름없다.

인간들의 사랑을 한 몸에 받으며 집 안에 사는 그 애견들, 인간 노숙자보다 행복해 보이는 내 정보원들은 실질적으로 자유롭지 못하다. 떠돌이 개 신세임에도 나를 부러워하는 애견들이 의외로 많다. 나는 내 맘대로 돌아다니다가 다른 수캐들 질투할 정도로 발정 난 암컷을 가장 먼저 찾아내고 가장 먼저 청혼을 하기 때문이다.

41. 우리보고 개판이라고 말하면 곤란해요

버려진 개를 인간들은 유식하게 유기견이라고 부르지요. 제가 바로 유기견입니다. 서울 영등포구 당산동 평택식당을 경영하던 주인 부부가 저를 떼놓고 이사를 가는 바람에 저는 이른바 유기견이 됐습니다. 하지만 저를 버려진 개로 취급하는 인간은 이 세상에 없습니다. 아니, 적어도 대한민국 영등포구 안에서는 단 한 명도 없답니다.

제 이름은 [제당이]랍니다. 본디 이름은 [발발이]였지만 동네 사람들이 언제부터인가 제당이라고 부르기 시작했고 저도 새로운 이름을 편하게 받아들였습니다. 주인 부부가 평택식당을 남에게 넘기면서 나를 버리고 가 버리자 저는 결단을 내렸습니다. 내 진짜 이름은 이제 없어졌다고 포기했습니다.

내가 어린 시절을 보낸 그 평택식당 옆의 제일제당 대리점 창고 앞이 보금자리라고 여겼습니다. 하루 일과가 끝날 적마다 저는 제일제당 대리점 창고 앞에서 쪼그린 채 엎드려 밤을 보내곤 했습니다. 그렇게 안쓰러운 처지의 저를 보고 사람들은 제당이라고 부르기 시작했답니다. 이름이 바뀐 연유이지요.

저는 행복한 편입니다. 아니, 나를 알아보는 사람이 너무 많아서 절망적으로 비관하지 않습니다. 당산동2가 평택식당 주인아줌마의 따스한 배려로 숙식을 해결할 수 있는 처지이기 때문이죠.

나를 애지중지하던 먼저 주인 부부가 식당을 그만두면서 나를 버리고 갔지만 나는 그분들의 심정을 충분히 이해합니다. 어차피 인간들은 강아지 시절에 깨물어 주고 싶을 정도로 귀여워하다가 나이 들어 어른개가 되면 영 딴판으로 달라집니다. 많이 먹고 가끔 병에도 걸리면 귀찮은데다 사육비까지 많이 든다는 이유로 버리기 때문입니다. 그래서 유기견이 많아지는 겁니다.

비록 문전걸식을 하는 형편이지만 제 행동반경은 비교적 넓은 편입니다. 영등포 지역만큼은 제 구역이어서 먹는 시간을 제외하고 거의 하루종일 싸돌아다니는 편입니다.

그래서 저는 영등포 일대의 사정을 잘 압니다. 한 마디로 말하죠. 인간이 사는 풍경은 개판입니다. 개판공화국이라는 거지요. 평택식당에서 몇 분 정도 달리면 열린우리당 당사가 보입니다. 지금은 간판이 바뀌었는데 예전에는 집권당 당사가 있던 곳이지요. 열린우리당 당사가 있었다는 이유로 개판이라는 뜻은 절대 아닙니다.

집권당 당사가 있던 그 일대, 당산동1가 조광시장과 청과물시장 주변을 보면 왜 제가 개판공화국이라고 말하는지 알게 됩니다. 그 동네에 사는 주민들의 의견을 대신하여 몇 자 올립니다. 잘 아시겠지만 청과물시장과 조광시장은 무법천지를 방불케 합니다.

청과물 상가 쪽의 인도와 차도 1차선은 과일들이 완전 점령한 상태이고, 차도 2차선의 절반 이상도 청과물에 점유되어 있습니다.

청과물을 사러 온 차량들이 1, 2차선을 점거하면 사람과 차량의 통행은 완전 마비 지경에 이릅니다. 행인들은 부득이 중앙선을 침범해야 하고 죽음과 사고를 각오해야 합니다. 지나가는 차량과 보행인과 차량을 위협하는 불법지대의 전형입니다.

청과물 공판장이 옮겨가는 즉시 단속을 개시하겠다던 현수막은 왜 걸었나요? 그곳엔 인도와 차도가 없어진 지 오래입니다. 대로변 중앙선 차도를 걸어가야 하는 개들, 어린이들, 주민들은 불안에 떨고 있습니다. 심지어 차도로 통행하던 사람이 교통사고를 몇 차례 당했어도 변한 것이 전혀 없습니다.

인도와 차도는 물론이고 골목길도 상인들의 청과물과 진열대와 물건과 차량이 점령한 지 오래입니다. 오히려 지나가던 주민이 물건을 밟거나 부딪쳤다는 이유로 망신을 당한답니다. 제가 잘 아는 분, 평택식당 단골손님이 구청에 민원을 두 차례나 넣었지만 아무 소용이 없습니다. 인도와 차도만 그대로 활용할 수 있도록 정상화시켜 달라고 했으나 몇 년 동안 변한 게 없습니다. 요즘 들어, 특히 연말연시나 명절을 앞둔 시기가 오면 개판공화국은 드디어 절정에 이릅니다.

비 오는 밤, 넓은 인도를 점령하다 못해 차도까지 내려온 수박, 참외, 오렌지, 포도, 귤, 사과, 배, 포도, 딸기 등 청과류와 술, 음료수, 과자 등을 피해 차도의 중앙선을 걸어 보십시오. 인간과 개 모두 죽음에 대한 공포가 밀려올 겁니다.

옛날 열린우리당 당사 주변 반경 500미터를 살펴보세요. 대부분의 인도가 상인들의 물건과 시설물로 점령당했습니다. 한밤중에 길을 걸어가려면 그 시설물과 천막과 과일 등을 피하기 위해 곡예를 하듯 차도로 내려서야 합니다. 인도에 진열되어 팔리는 수박과 참외 등을 피하여 차도로 내려서면 과일을 부리러 온 대형 트럭과 과일을 사러 온 승용차들이 길을 막습니다. 결국 중앙선 통행이 불가피해집니다. 인도와 차도를 완벽하게 점령한 청과물들, 도저히 인간과 개가 다닐 수 없는 대로변 인도와 차도를 단 한 번만이라도 와 보십시오.

청과물시장 주변에 초등학교, 유치원, 어린이용 체육관들도 입주해 있습니다. 만약 우리 어린이들이 단 한 명이라도 주변에서 사고를 당할 경우, 좌시하지 않고 분연히 일어나겠다고 민원을 넣었다지만 전혀 변한 게 없습니다.

몇 년이 지난 요즘 밤 9시 상황을 제가 직접 가서 확인했습니다. 책임이 있는 인간들이 단속하지 않으니 아무리 귀찮아도 그래야 했습니다. 결국 제 예상은 맞아떨어졌습니다. 당산동1가 경남아파트 4거리 상황은 민원을 제기하기 전보다 더 심각합니다.

왕복 2차선 도로의 양쪽 인도와 양쪽 1차선을 과일로 막아 버리니 사람이나 차량이나 중앙선으로 다녀야 합니다. 그나마 차량들이 양쪽에서 밀려들어오면 무법천지로 변합니다. 그뿐인 줄 아세요?

도매상이 밀집한 골목으로 들어서면 상황은 더 심각합니다. 시장 상인들이 무더기로 포장해 쌓아 놓은 것들이 산더미를 이루어 인도와 골목의 보행을 막아 버립니다. 승용차를 끌고 가면 한없이 막히고 걸어 다니려면 장애물을 요리조리 피해 다녀야 합니다. 비 오는 날에는 우산을 들기도 어렵답니다.

– 세금 내는 게 정말 아까워요.

아까 소개한 그 민원인이 투덜거리더군요. 단속반에게 항의했더니 어처구니없는 답변이 날아왔답니다.

– 저희들도 죽겠습니다. 범칙금 때려도 범칙금 내고 장사합니다.

우리 평택식당 단골손님이 상인들에게 항의했더니 이런 대꾸가 날아왔답니다.

– 좀 봐주쇼! 먹고살려고 그럽니다.

상인들이 눈을 부라리며 인상을 쓰는데 괜히 겁이 나더라는 겁니다.

그러니 제발 개판이라고 개들을 빗대어 비난하지 마세요. 정말이지 개판공화국의 주요 등장인물은 개가 아니라 인간이라는 사실을 부디 알아주셔야 합니다.

영등포구청도 멀지 않고 영등포경찰서도 인근에 있지만 그냥 봐주고 있는 것 같습니다. 수시로 교통경찰 패트롤카와 사이드카들이 지나가도 난장판에 전혀 개의치 않습니다. 지나가던 패트롤카들은 아무리 도로가 꽉 막혀도 그냥 정차한 채 한눈을 팔곤 합니다. 세월아 네월아, 하며 더듬더듬 앞으로 나아갑니다. 아마도 교통경찰들에게는 청과물시장 상인들의 인도와 도로 불법 점유에 대한 단속 권한이 없는가봅니다. 하지만 넓은 도로 옆 작은 길에 세워 둔 차량이 한두 대 발견되면 예외 없이 곧장 달려가 으름장을 놓습니다.

– 차량번호 ＊＊＊＊ ! 당장 빼 주세요!

교통경찰은 온 동네가 떠나갈 듯 외칩니다. 그 옆 넓은 도로와 인도가 청과물로 빼곡히 차 있어도 괘념치 않습니다. 그럴 때마다 제 가슴은 답답해집니다. 같은 불법이라도 단속할 것이 있고 단속 안 할 것이 있다는 인간의 논리에 굴복할 수 없기 때문이지요.

상투적인 범법행위가 휴일을 포함해 수년 동안 하루도 빠지지 않고 지속된다면 영업정지가 올바른 선택입니다. 나 좀 먹고살자면서 다른 사람들에게 폐를 끼치고 생명까지 위협한다면 그게 바로 개만도 못 한 인간이지요. 몇 년 동안 대낮에만 단속하는 시늉을 하면서 개판공화국을 방치하는 공직자들이 우리 견공보다 더 불쌍합니다.

민선 구청장이 유권자들의 표를 의식해 적당히 넘어가려는 모양인데, 실제로 돌아가는 상황은 전혀 그렇지 않습니다. 청과물시장 주변 주민들의 속이 곪아 터진다면 이득을 보는 쪽이 누구일까 생각해 보셔야 합니다. 다음에 표를 던지지 않으면 자기만 손해지요, 뭐.

42. 요즘 개들이 짖지 않는 이유

부정축재로 엄청난 부자가 된 어느 정치꾼의 저택 안 정원에서였다. 그 집 수캐와 암탉이 대화를 나누고 있었다. 물론 집주인 가족이 잠든 시간에 비어져 나온 대화였다. 잠을 못 이루던 수캐가 먼저 입을 열었다.

– 병든 닭아, 요즘 너는 아침이 되었는데도 왜 울지 않니?

너무 궁금했던 나머지 수캐가 물었다.

– 어리석은 똥개야, 넌 무식하구나. 자명종이 있는데 내가 왜 울어.

암탉이 짐짓 태연하게 이죽거렸다.

– 그런데 뻔뻔스러운 똥개야, 너는 왜 도둑이 들어도 짖지 않니?

암탉이 낄낄대며 되물었다.

– 바보 같은 닭아, 도둑놈이 우리 집 안에 있는데 내가 왜 짖겠니.

수캐가 눈을 지그시 감고 툭 내던졌다.

*　　*　　*

얼마나 현명하고 얼마나 속이 깊은 한국의 견공인가. 인간 세상을 꿰

뚫고 있으니 사람보다 더 나은 개가 아닐까 싶다. 그처럼 의젓한 견공이 또 발견되는 곳이 있다.

절에서 스님과 보살님들이 부처님께 불공을 드리듯 기르는 견공들은 대부분 믿을 수 없을 정도로 점잖다. 사실이다. 절집 개들의 가장 큰 장점이나 특징은 잘 짖지 않는 데 있다. [서당 개 삼 년에 풍월을 읊는다]고 했던가. 불당 근처에서 지내는 견공들은 스님이나 보살님들처럼 어느 정도 깨달은 것 같기도 하다. 그래서 절에 드나드는 인간들에게 갈등이 생긴다. 절집 개들을 보면 녀석들을 견공이라고 불러야 할까, 아니면 스님이나 보살님으로 불러야 할까 고민할 수밖에 없다.

– 왜 절집 견공들은 여간해서 짖지 않을까요?

지나치던 속세 인간이 보살님에게 물었다.

– 절집 견공들은 구박 대신에 대접을 받으니까요.

보살님은 간단명료하게 대답했다. 정말이지 맞는 말 같다. 자기가 원하는 대로 살아가는 절집 견공들에 비하면 우리 인간 속세의 개들은 참으로 자유롭지 못하다. 도시 한복판의 집 안에서 지내는 개들은 하나같이 우리 안에 갇혀 있거나 줄에 묶여 있어야 한다. 형편이 그러니 자신의 생명줄을 쥐고 있는 주인집 식구들의 눈치를 살피지 않을 수 없다. 짖으라면 짖고 짖지 말라는 짖지 않아야 하기 때문이다.

*　　*　　*

견공들이 짖지 않는 이유를 더 현실적으로 더 심층적으로 분석해 보자. 북한 김정일 국방위원장이 전、현직 대통령들에게 풍산개를 선물했다. 그런데 이 개들이 도대체 짖지를 않는 거였다. 몹시 궁금했던 인간들이 짖지 않는 까닭을 견공들에게 추궁했다.

– 등신 같은 개야, 너는 왜 짖지 않니?

어리석은 인간이 다그쳤다.

– 달랑 29만 원밖에 없는 집에서 왜 짖어요? 29만 원밖에 없는 집에 도둑이 들겠어요? 경제 형편이 그토록 어려우니 나는 하루 종일 잠만 자도 됩니다.

전두환 씨 집의 개가 심드렁하니 대꾸했다.

– 우리 집 주인님이 가장 경계해야 할 도둑인데 짖으면 뭘 하나요?

이어서 노태우 씨 집의 개가 대답했다. 하지만 더 걸작인 것은 다음 세 번째 견공의 대답이었다.

– 우리 주인이 말했다 하면 사람들이 모두 [개소리]라고 하는데 내가 왜 짖나요?

필자 강쥐생각은 마지막 견공의 대답에 무릎을 쳤다. 인간 세상에 무지 실망한 개는 짖지 않을 수도 있다고 엉뚱한 상상을 했다.

사냥개가 비슷한 경우에 해당된다. 한 번 산짐승에게 혼이 난 사냥개는 다시 나서지 않는 법이다. 목줄을 풀어서 자유와 재량을 주어도 사냥개는 더 이상 산짐승에게 덤비지 않는 것처럼, 한두 번 침묵하기 시작한 개는 짖는 일을 잊어버릴 수도 있다.

개가 짖지 않는 인간 세상의 모습은 과연 어떨까. 인간들은 즐거울까. 편안할까. 아니다. 너무 소름끼치도록 무서울 것이다. 개가 짖어야 할 때 짖어야 정상일 터이니까.

43. 개판공화국의 전설

어느 한가한 날, 동물병원 입원실에서의 오후였다.

– 자! 자네들 마사지 받으면서 편하게 대화를 나눠 보라고. 말티즈 자네부터 시작하지? 자넨 전반적인 정치에 관해 회의를 이끌어 보라고.

손님이 없어 졸고 있던 동물의사 강쥐생각이 애완동물마사지사 언니의 마사지를 받고 있던 강아지들에게 말을 건넸다.

말티즈

– 도사! 너 말이야. 너 예전엔 내 눈 앞에서 절절 매더니 많이 컸네? 세상에 돈이 좋긴 좋은가봐. 견공들도 돈 맛을 알아서 네게로 줄을 섰다고? 어때. 줄줄이 사탕을 꿰 찬 느낌이?

가다렸다는 듯이 말티즈가 시비를 걸었다.

– 아, 세상은 원래 그런 거 아니던가? 정치란 권력과 줄이 핵심이야. 아직은 우리 견공들이 그 두 가지를 가장 중요하게 생각한다고!

도사가 싫지 않은 표정으로 혀를 쩝쩝거리며 대꾸했다.

– 니들 아직도 정신 못 차린 건 여전하구먼. 인터넷의 보급으로 이젠 50-60세의 견공들도 사회의 진실에 대하여 서로 인지하고 교류를 하고

있어. 그런데 아직도 술 사주고 밥 사준다고 선거에서 이길 거라는 자네들 생각이 애처로울 뿐이야.

황구가 눈을 질끈 감으며 냉큼 말을 받았다.

– 황구야, 난 그 부류에서 좀 빼 줘. 내가 뭘 미련이 남아서 그런 짓을 해가면서 대통령이 되려고 하겠냐. 소문에 따르면 저 도사가 그 짓거릴 하고 다닌데.

말티즈가 윙크를 던지면서 이죽거렸다.

– 말티즈! 네가 영계냐? 그런 윙크로 나무토막 같은 황구에겐 먹히지도 않아. 또 그럴 필요도 없어. 난 올해 대통령선거는 이미 정해진 게임이라 생각해.

백구가 짐짓 으스대며 호언장담했다.

– 야! 신참, 너 그 자리에 앉았다고 막 나가는 거 아니야.

도사가 점잖게 충고했다.

– 그 동안 이런 개판엔 안 나오려고 무던히 노력했지. 근데 네가 대통령선거에 나간다니까 나라를 구하기 위해 나선 거야. 이렇게 막 가긴 싫은데 말이야. 어떻게 하냐! 네가 특별한 논리도 없이 그저 과거 시절에 의지해서 깝죽거리며 어떻게 한번 대통령을 해보려 하는 속셈을 모를 줄 알고?

말티즈가 맞받아쳤다.

– 너, 나처럼 박박 기어 봤어?

백구가 물었다.

– 야! 백구야, 넌 꼭 기어 봐야 아니? 넌 죽을 때까지 기어 봐도 세상을 몰라. 그저 해야 할 일을 만들고 시켜 줘야 잘 하는 것들이 스스로 한 가지라도 제대로 하는 걸 봤어?

도사가 물었다.

- 두 후보는 다 거기서 거긴데 뭘 그래. 내가 보기엔 다 머슴들인데. 내 눈을 좀 봐. 어디 세상에 대한 욕심이 보이냐고. 난 마음을 굳혔어. 죽기 아니면 까무러치기지, 뭐. 대선에서 떨어지면 그나마 남아 있는 나라에 대한 열정도 접고 기도원에나 가려고. 누가 자리 알아 봐 놓았데.

말티즈가 말했다.

- 니들 말이야. 나이 많다고 대접해 주었는데 정말 몹쓸 놈들이구나. 과거 운운하고 추억에 젖으려면 동네 노인정에 가서 하라고. 내 눈엔 고통에 잠을 못 자는 견공들만 아른거려. 아무리 괴물 같은 사회라도 언젠가 정화되리라고 믿어. 내가 그 중심에 서겠어.

순둥이가 눈을 부라렸다.

- 순둥아! 넌 아직 어려서 잘 모를 거야. 내 한수 가르쳐 주지. 세상은 말이야 90%가 쇼라고! 사실 우리네 정치 견들이 할 수 있는 일이 뭐가 있냐고. 막말로 우리가 없으면 더 잘 돌아간다는 말이 많아. 그래서 우린 쇼를 잘 해야 하는 거야. 해도 안 한 척, 먹어도 안 먹은 척…. 알겠니? 내 말 무슨 말인지 알겠냐고? 모르겠으면 끝나고 확실히 알려줄게.

떠벌이가 떠벌렸다.

- 떠벌아, 넌 지겹지도 않니? 너나 도사는 차라리 끝나고 술집에나 가라. 그게 정답이다. 주지육림은 다 옛 말이야. 난 정책 대결도 없는 쇼만 하는 연예 견들 하곤 안 논다. 오히려 말은 안 해도 대다수 견공들과 이심전심으로 마음이 통해.

황구가 점잖게 뱉었다.

- 그래. 나도 그 말엔 동감해. 도사처럼 쇼하고 떠벌이처럼 의기양양해 하는 꼴을 보면 내가 나서길 잘 했다는 생각이야. 백구야, 너! 이제 보니 나랑 코드가 조금은 통하네. 끝나면 나랑 막걸리나 한잔 하자고.

말티즈가 백구를 치켜세웠다.

– 여기가 무슨 단체 미팅 자리야? 난 내가 스스로 걸어온 길에서 많은 걸 느꼈어. 세상은 밑을 보기보다는 위를 보고 가야 손해를 안 봐. 내가 여기까지 올 수 있었던 건 그런 믿음 때문이야. 어릴 적 우리 부모는 공부 못 하는 친구들과는 놀지 말라고 하셨지. 지금 생각해도 맞는 말씀이지.

도사는 양반 가문의 후손처럼 말했다.

– 도사야! 넌 새빠지게 주어진 일만 하느라고 그랬는지 뭔가 오해하는 게 있어. 그래서 휴식을 가지며 생각을 해야 하는 거야. 물리학과 종교의 상관성에 대해서 설명 좀 해봐.

백구가 학구적인 개처럼 굴기 시작했다.

– 내가 물리학을 어떻게 알아? 그리고 종교란 게 별 거 아니잖아. 믿음 하나면 된다고.

도사는 귀찮은 표정으로 짧게 대응했다.

– 그러니까 네가 돈 많은 무식쟁이란 소리를 듣잖아? 편협한 시각이 세계전쟁을 불렀고 기득권들이 날뛰는 세상을 만든 거라고. 이젠 견공들에게도 사회적 모순에 대한 인식의 불길이 번지고 있단 말이야.

백구가 곧장 말을 받았다.

– 그런 관점은 대학교수가 연구하면 되지. 내가 그거까지 신경을 써야 하나?

도사의 눈빛에 고깝다는 표정이 담겨 있었다.

– 도사, 자넨 부끄럽지도 않은가? 요즘은 정치도 퓨전 시대야. 옛날처럼 힘이 있다고 하는 게 아니야. 복합적인 요소에 대한 이해와 대책이 없이는 정말 정치란 어려워. 내가 보기엔 네 종착점은 기업체의 명예회장이 맞아.

백구가 무표정하게 도사를 바라보며 말했다.

– 안 돼. 내 입장에선 도사가 명예회장으로 남는 것도 반대야. 이젠 모은 돈을 제대로 써야 해. 진짜 종교인이라면 사회 각층의 낮은 곳으로 찾아다니며 봉사를 해야 한다고 봐.

순둥이가 단호하게 나왔다.

– 순둥이 말이 옳아. 넌 네가 번 돈이 네 것이 아니란 사실을 깨달아야 해.

말티즈가 순둥이 편을 들면서 도사에게 충고했다.

– 이런 말이 있지. 네 자신을 알라! 도사와 말티즈, 자네들에게 하고 싶은 말이야. 진정성이 없는 후보는 대통령선거 후보로 나설 자격이 없다고 봐.

백구가 도사와 말티즈를 번갈아 쳐다보며 말했다.

– 그래, 나도 그렇게 생각해. 기득권을 옹호하는 그런 정당의 후보는 이젠 물러날 때가 되었어. 더불어 살아가는 사회에서 그런 사고방식을 가진 정치꾼은 부정과 부패의 시발점 역할을 피할 수가 없다고.

황구가 유식한 척 말했다.

– 정치를 하다 보면 이렇게 서로를 헐뜯는 일이 많지. 이만 하고 그만 나가자. 도사가 아까 그러더라고. 오늘 자기가 한턱 쏜대. 돈 많은 거 자랑하는데 가서 먹어나 주자고. ㅋㅋ.

말티즈가 토론의 맥을 끊으려고 나섰다.

–자네들. 참 대단해. 그렇게 싸우다가도 밥 먹을 때 체하지도 않고. 그러니 정치꾼들이지. ㅋㅋㅋ. 도사, 자네 건설업에 종사했었다니까 서민견의 숙소에 대해서 진행을 해 봐.

말없이 지켜보던 동물의사 강쥐생각이 모처럼 끼어들었다.

– 지나간 일이지만 내 덕분에 돈 번 사람들이 부지기수야. 일단 아파트 부지를 사는 거야. 예를 들어 1억 원에 사는 거지. 그럼 우린 그걸 하

청을 주는 거야. 그리곤 하청업체를 뽑는 거야. 싸고 말 잘 듣는 업체로 결정하지. 그럼 그들이 짓고 나면 이젠 분양업체를 선정하는 거야. 그래서 결국 우린 앉아서 1억 원에서 2억 원을 버는 거야. 이게 효율성이라고. 난 국가도 그렇게 운영하려고 해.

도사가 장황하게 설명했다.

– 그러니 너 같은 놈 때문에 서민 견들이 피해를 보는 거 아니야! 법을 교묘하게 이용하고 그것도 모자라 의원들을 매수해서 법을 바꾸고 돈을 버는 방법이잖아. 불쌍한 서민 견들은 사회의 구조를 모르니까 이게 삶이려니 하고 체념하며 살아. 하지만 나는 아니야. 실체적 진실을 널리 알리면서 불공정한 부의 집중에 대한 투쟁을 해야 한다고 생각해.

순둥이가 소신을 강하게 피력했다.

– 그래. 난 국토순례를 하던 중에 서민 견들의 숙소에 묵어 보았어. 왜 그런 집이 있잖아. 1층은 상가고 그 위층은 숙소인 곳들. 난 그 전만 해도 이런 곳이 있는지 몰랐어. 물론 대학생 시절에야 젊으니까 크게 신경을 안 썼지. 난 그 날 밤 한숨도 못 잤어. 새벽까지 들려오는 술에 취한 견공들의 울부짖음과 흐느낌은 지금 떠올려도 정말 아찔해. 지옥이 따로 없더라고.

황구가 흥분을 감추지 못했다.

– 일부에선 어쩔 수 없는 사회적 구조라고 하지. 그리고 그런 과정을 거쳐야 진정한 삶을 느낀다고 말하는 회피주의자들이 있어. 견공들의 30%가 그런 환경에서 산다고. 난 그 실정을 실제로 체험할 수 있도록 정치적 배려를 할 거야. 공무원과 기업체 임원들을 그 현장으로 보내서 일주일 정도 잠을 자도록 하는 거지. 공문을 여러 차례 보내느니 직접 느끼는 게 해 주려고. 특히 주택 관련 공무원은 말단까지 다 보낼 거야.

백구가 다소 길게 말했다.

- 그래, 동감이야. 자본주의 세상이라고 이럴 수는 없어. 의식주는 기본적인 문제야. 그걸 통해서 돈벌이에 악용하는 사업가나 정치 견은 퇴출할 때가 됐어. 이번 대선은 다음 총선을 대비하여 그런 성향의 지도자를 뽑지 않는 현명한 판단이 나와야 해.

순둥이가 맞장구를 쳤다.

- 좋은 집에 살고 부족한 게 없어도 난 오순도순 사는 모습이 좋더라. 서민 견들이 부러울 때가 많아. 그래도 잠은 편하게 자야 하잖아. 나도 그 부분에선 백구와 순둥이 의견과 같아.

말티즈가 슬쩍 끼어들었다.

- 그래서 수도 이전 정책을 과감하고도 신속하게 마무리해야 돼. 언제까지 기득권 10-20%를 위해 나라의 정책을 그들에게 유리하게 만들어야 하냐고? 난 이미 기득권을 버렸어. 당원들이 뽑은 후보가 과연 국민이 원하는 후보인지 다시 한 번 생각해 볼 필요가 있어.

황구가 주먹을 불끈 쥐었다.

44. 칭키즈 칸의 말발굽과 대한민국의 인터넷

가난하다고 말하지 말라. 나는 들쥐를 잡아먹으며 연명했다. 배운 게 없다고 말하지 말라. 나는 내 이름자도 모른다. 불우하다고 탓하지 말라. 나는 어려서 고아가 되었고 고향에서 쫓겨났다. 포기하고 싶다고 말하지 말라. 나는 목에 칼을 쓰고 도망쳤고, 뺨에 화살을 맞고도 살아났다.

그러나 나는 남의 말을 들을 줄 아는 '귀'를 가졌다. 그 귀는 내게 가르쳤다. 적(敵)은 밖에 있는 게 아니라 내 안에 있다고! 그 귀가 가르쳐준 대로 살다 보니 나는 세계를 제패했고, 내 이름은 칭키즈 칸이 되었다.

* * *

개판공화국의 정치꾼 견공들이 한 자리에 모여 방담을 주선했다. 주제는 [인터넷]이었다. 먼저 도사가 입을 열었다.

도사

말발굽과 인터넷은 도구로서의 개념이 유사하단 생각이다. 말발굽으로 세상을 누빈 인간이 칭키즈 칸이고 인터넷으로 세상에 두각을 나타내는 게 우리 네티즌이야. 발전시킬 분야이긴 하다. 하지만 그 전에 [동서 간 큰 도랑 만들기]가 우선이다. 내 전공이 건설인 거 알잖아? 인터넷은 또 전문가들이 알아서 하니까. 이만하면 정답이 될까?

말티즈

나도 우리나라의 인터넷 관련 사업이 급성장한다는 소식은 접하고 있다. 직접 한두 게임 정도 하고 있는 중이다. 전공이 아니라 잘 모르지만 내가 지도자 견공, 대통령 견공이 되면 의견을 들어보고 힘을 실어줄 생각이다. 우리나라는 아직도 정부의 조력이 필요한 분야가 많다고 들었다. 우리 보좌관들이 똑똑하거든. 내가 어떻게 세부적이 사항에까지 다 관여하겠어? 전문가로 구성된 팀을 만들어 지원하려고 해. 오늘도 집에 가면 게임 한 판 더 할 거다. 나, 컴맹 아니야!

황구

사실 말티즈처럼 한가하게 게임을 즐길 시간은 없다. 하지만 나도 훈장 시절에 견공들을 가르치다 보니 인터넷 활용에 대한 중요성을 깨닫게 되었다. 그래도 내 또래의 정치꾼 견공들 중엔 내가 좀 나을 거야. 이메일 활용하고, 팬들과 채팅도 하고, 나머진 바빠서 보좌관들에게 위임했어.

난 지금 견심(犬心)을 잡기에 총력을 기울이고 있다. 국가 정책 중의 하나인 정보통신 사업에 대해서 나름대로의 복안이 있다. 차차 보따리 풀려고 해. 다만 조금 더 연구하려면 시간이 약간 걸릴지도 몰라. 아이들과 가끔 채팅을 하다 보니 이거 정말 편리하고 유용하단 걸 알게 되었지. 이만 하면 과락(科落)은 아니지?

백구

우리는 역사적으로 해석하는 능력을 키워야 한다. 우리 정치 견공공이 서민 견공과 다른 점은 바로 비전을 제시하고 실행하는 데 있어. 그래서 난 보좌관 선발 때도 역사에 대한 중요성을 인식하지 못하는 놈은 뽑지도 않아. 칭키즈 칸의 말발굽은 전쟁에서의 기동력을 확보하는 중요한 계기가 되었다. 편자 하나가 그 시절의 칭키즈 칸의 세계 평정을 가능케 했다고 해도 과언이 아니다. 비록 그 나라가 망했지만 몽골반점이 있는 우리 대한민국 견공들은 그 이상(理想)에 대하여 높게 평가할 필요가 있어!

지금의 막무가내식의 침범보다 훨씬 세련된 의지가 있었거든. 칭키즈 칸은 군대와는 필사적으로 싸워 물리쳤지만 서민 견공들은 죽이지 않았다. 그리고 그 동네의 문화를 인정하고 계승이 가능하도록 배려했어. 세금도 절반 이하로 줄이고 말이야.

몇 천 년 전의 그 이상(理想)을 이제 우리 대한민국의 견공들의 손으로 이루어 내는 거다. 과거엔 무력으로 세상을 평정했지만 지금은 경제력이야. 경제력을 뒷받침하는 게 인터넷이고 이미 그 길은 열려 있어. 우린 우리의 조상 견공들의 슬기로운 지혜가 담긴 생활방식을 세계 모든 나라에 알리기만 하면 돼. 좋은 건 나눠야 한다는 우리 단군 견공의 선견지명이 오늘날 빛을 발하게 된 거다.

동네 견공들의 충돌은 결국 욕심과 이해 부족에서 비롯되는 게 대부분이다. 우리는 지리적 여건상 조율자로서의 역할이 가장 잘 어울려. 서방세계와 동방세계의 접점이 우리 대한민국이란 사실을 우린 잊지 말아야 해. 기회는 항상 위기 속에 있단 사실을 난 잘 알고 있어. 혁신을 통한 발전만이 양극화를 해소할 열쇠란 걸 난 잘 알고 있다. 내가 말이 많긴 하지? 이해해 줘. 워낙 맺힌 게 많다 보니. 책을 쓰고도 할 말이 많네. 정치 견공들 공부 좀 하자는 게 내 논리다!

순둥이

난 예전부터 시민 견공들의 인터넷 활용에 애쓰고 있다. 만남도 인터넷을 통해 공지하고 주장도 인터넷을 통해 모으고 있다. 난 거대한 담론은 싫어. 눈에 드러난 시민 견공들이 가장 힘들어하는 부분부터 고쳐 나가려고 해. 견공들은 우리 진영이 힘이 약해서 가능하겠냐고 반신반의하지만 의외로 우린 실행력이 강하다고. 정치 견공 진영에서 캐스팅보드를 쥐고 있거든. 말발굽이건 인터넷이건 현실에 가장 필요한 걸 먼저 시행하자고 주장하는 게 나의 전부야. 지금 그 이상 토론할 시간이 없다는 말이야.

떠벌이

난 누구보다도 인터넷에 대하여 잘 이해한다고 생각한다. 게임도 얼마나 좋아하는데. 하루에 한 시간 정도는 기본이다. 게임을 해 본 사람들이 잘 알지. 채팅도 잘 해. 내가 별명이 괜히 떠벌인 줄 아나? 다 이유가 있는 거야. 난 인터넷을 통한 남북 간의 화해의 물꼬를 확대할 생각이야. 통일비용을 대폭 절감시킬 수 있는 방법이기도 해. 쓸데없는 남북 간의 자존심 대결을 지양할 수 있고.

이북의 아바이 견공도 하루에 몇 시간씩 인터넷을 한다는 이야길 들었어. 내 꿈은 한반도 대통령이다. 전 세계적인 역할에 대해선 아직 생각을 정리하지 않았다. 지도자로 뽑힌다면 구체화 하려고 해.

오수견

자, 한번 생각해 보자. 그 옛날 세계를 주름잡던 영국도 섬이고 일본도 섬나라에 불과하다. 난 솔직히 제주 견공으로 불만이 있다. 육지 견공들은 우리를 한반도에 붙어 있는 작은 섬 정도로 생각하지. 우리 섬 견공들의 근성을 한번 보여주겠어. 대한민국이 힘차게 일어나려면 우리 같은 섬 견공들이 나서야 해. 사방이 바다인 지형적인 불리함을 이겨낸 영국과 일본의 경우처럼 우린 배수의 진을 치고 살아왔어. 그 옛날 일본의 침략에도 우리가 대부분 막아 왔다.

대표적인 인터넷 기업인 다음이 이곳 제주도로 이전한 이유가 뭐겠니? 우리 제주도의 가능성을 알고 미리 들어와 있는 거야. 서울의 집중화도 완화시키는 효과도 있다. 나는 젊은 견공들 못지않은 속도로 자판을 쳐 내려갈 수 있다. 앞으론 사람을 낳으면 제주도로 보내야 한다는 속담이 나오도록 노력할 거야. 내가 너무 제주 이야기만 늘어놓았나?

45. 정치인, 정치가와 정치꾼

하늘나라에서 세계의 명사들이 모였다. 참석자는 처칠, 흐루시초프, 카뮈, 존슨 등이었다. 이들은 정치와 선거를 주제로 간담회를 가졌다.

– 정치인이란 시냇물이 없어도 다리를 놓겠다고 공약하는 따위의 인간이랍니다

옛 소련(소비에트연방공화국) 총리 흐루시초프가 비교적 솔직히 털어놓았다.

– 정치인의 역할은 미래에 어떤 일이 일어날 것인가를 예측하는 것인데 한 가지 중요한 조건이 붙지요. 예측이 맞지 않으면 그럴듯하게 둘러댈 수 있는 능력을 갖추고 있어야 정치인의 자격이 있습니다.

옆에 있던 영국 수상 처칠이 고개를 끄덕거리며 입을 열었다.

– 정치란 이상도 없고 위대함도 없는 자들에 의하여 만들어지는 악덕입니다. 자기 자신 속에 위대함을 지닌 사람들은 결코 정치를 하지 않을 것이라고 단언할 수 있어요.

프랑스의 소설가인 카뮈가 두 사람의 대화에 끼어들어 쾌도난마 같은 결론을 이끌었다.

– 선거에서는 대중영합주의자와 엉터리 공약을 남발하는 무책임한 사람들이 이길 수밖에 없습니다. 가장 확실히 나라를 망하게 하는 방법이 선동 정치꾼들에게 권력을 맡기는 일이지요.

주제가 선거로 옮아가자 옛날 미국 대통령 존슨이 한 마디를 건넸다.

– 저는 열네 번 선거에 출마했는데 선거 때마다 한 달씩 수명을 단축했습니다. 부질없는 말싸움으로 14개월을 헛되이 보낸 것을 생각하면 지금도 우울해집니다.

다시 처칠에게 발언 기회가 오자 선거의 무용성에 대해 언급했다.

조선 말기, 민비가 세도를 부릴 때 민비 밑에서 아첨하면서 실리를 챙기던 정치꾼들이 흘러 넘쳤다. 하지만 민비가 권력을 잃고 물러나자마자 그 아첨꾼들은 대원군 집으로 몰려갔다. 대원군은 그들이 철새정치꾼이자 정상배인 줄 알았으나 세력을 유지하기 위해 철저히 이용했다.

정상배(政商輩)란 정치꾼과 결탁하거나 정권(政權)을 이용하여 사사로운 이익을 꾀하는 무리를 말한다. 정치하는 사람들에게 뇌물을 주고 그것을 미끼로 이득을 몇 곱 챙기는 장사꾼이 바로 정상배다. 나라야 망하든 말든 개인의 이익을 챙기던 정상배들 때문에 부자는 더 부자가 됐고 가난한 사람은 더 가난해졌다. 그런 측면에서 철새정치인들과 정상배들은 국민들의 준엄한 심판을 받아야 한다.

정치의 본질은 나라를 발전시키고 국민이 잘 살 수 있도록 국가 목표를 바로 세우고 달성하기 위한 정책 개발에 전념하는 데 있다. 특히 정책 수행에 필요한 각종 법령과 제도를 개폐하는 일을 도맡아야 한다.

그러나 우리의 정치 현실을 보면 안타깝다. 정치의 소비자인 유권자에게 팔릴 수 있는 뚜렷한 정책의 제시가 없고 매력적인 정치의 리더도 없으니 지지할 정당을 찾기 힘들다. 자연히 유권자는 정치에 등을 돌리게 되고 선거에서는 기권을 하는 유권자가 속출하여 투표율이 낮아지고 있다. 정치가 바로 서야 나라가 산다는 사실을 정치인들은 알고 있는지 궁금하다.

정치의 궁극적인 목표란 최대 다수의 최대 행복이다. 20세기 최고의 사상가 러셀은 행복의 조건으로 인생에 대한 열의, 사랑, 가족, 일 등 네 가지를 꼽았다. 이것을 정치로 해석해 보자. 열의는 국가경쟁력과 공공개혁, 사랑은 복지와 사회기강, 가족은 교육과 민생, 일은 경제 살리기와 일자리 만들기로 연결된다.

정치가와 정치꾼 선별 기준

선견지명(先見之明)을 자랑하는 페스탈로치처럼 등하교 길과 운동장의 유리조각을 줍는 사전 예방 스타일의 사람이 정치가다. 맨발로 유리를 밟은 아이를 치료받게 하는 사후구조 유형의 사람도 정치가에 속한다.

유리조각을 밟는 바람에 다친 아이를 찾아다니는 기회주의자가 정치꾼이다. 특히 깡패와 짜고 여인을 위기에서 구해준 척하는 부류처럼, 몰래 유리조각을 뿌려 놓고 아이가 다치기를 기다리는 사기꾼이 바로 정치꾼이고 공작정치인이다.

많은 사람들이 정치인, 정치가, 정치꾼의 개념을 제대로 구별하지 않는 것 같다. 이 세 가지 단어들은 서로 비슷한 것으로 착각하는데 엄밀히 말하면 그 성격이 무척 다르다.

정치인

정치하는 사람의 자세가 올바르건 올바르지 않건 모두 정치인이라고 말할 수 있다. 하지만 정치인을 좀 더 세밀하게 구분하면 정치가와 정치꾼으로 나눌 수 있다. 국민의 믿음을 받느냐 받지 못하느냐에 따라서 정치인을 확연히 구별해야 한다. 개인의 품성(品性)이 외면을 당하는 선거문화와 진흙탕 정치판에서 국민들의 믿음을 잃으면 백약이 무효인 탓이다.

사람에 대한 믿음이 곧 정치의 출발점이다. 능력이 있고 막강한 정치세력의 지원을 받더라도 사람이 미덥지 못하면 민심을 모을 수가 없다. 공인 의식과 봉사정신이 가다듬어지지 않고 구질구질하게 흠집이 많은 사람일수록 정치를 해서는 곤란하다. 아니, 정치를 아예 못하도록 유권자들이 표로 심판해야 한다. 그런 점에서 정치인은 정치가와 정치꾼으로 구별되어야 한다.

정치가(statesman)

참된 정치를 하는 사람이다. 국민들이 진심으로 신뢰감을 보낼 수 있는 정치인이다. 정치가란 국민에게 꿈과 희망을 주는 정치인이다. 꿈과 희망은 말로만 되는 일이 아니다. 국민에게 스스로 실천하는 모습을 보일 수 있는 능력과 지혜는 물론 존경받을 만한 인격을 갖춘 사람이 정치가이다.

정치가란 표를 의식하기보다 언제나 국가와 국민의 장래를 생각하며 경륜과 신념으로 대의(大義)에 따라 행동하는 사람을 말한다. 정치가란 국민의 추앙에 따라 국민 입장에서 봉사하는 사람이다. 국민의 표로 추대되어서도 머슴으로 봉사하지 결코 다스리지 않는다.

정치꾼(politician)

정치꾼은 오로지 다음 선거의 표만을 생각하고 행동하는 인간이다. 정치를 한답시고 모략, 꼼수, 편법, 탈법, 위법 등을 일삼는 정상배다. 개인의 목적을 달성하기 위해 그 어떤 수단과 방법을 가리지 않는 인간이다. 목적이 수단 방법을 정당화시킨다고 믿는 부류로서 국민들을 늘 고달프게 만들 뿐만 아니라 역사 왜곡도 서슴지 않는다.

국민의 추앙과 무관하게 스스로 권력을 쟁취하고 자기 입장에서 통치하는 사람이 바로 정치꾼이다. 그런 점에서 정치꾼들이 설쳐대는 정치는 너무 혼란스럽다. 이제 정치가 한 단계 도약하여 정치꾼의 시대가 지나가고 정치가의 시대로 가야 한다.

권력과 돈에 눈이 먼 정치꾼들이 수작을 부리는 사례들이 너무 많다. 4만 6천 명에 재정자립도 14%, 연간 재산세 수입 9억 원인 경북 청도군이 다시 막대한 비용을 들여 재선거를 치러야 할 판이다. 선거 한 번 치르는 데 7~8억 원이 든다고 한다. 정신 나간 정치꾼 하나가 돈을 펑펑 뿌려대며 부정선거를 한 후유증 때문에 평화롭고 조용한 시골 마을을 완전 망쳐 놓은 것이다.

제3부 니들이 개를 알아?

46. 개 코를 속일 수는 없다

냄새 맡는 능력이 탁월한 죽마고우가 있습니다. 그 친구가 버릇처럼 말합니다.

– 개 코를 속일 수는 없어!

어디를 가든 콧구멍을 벌름거리며 그렇게 외칩니다.

– 화재 우려! 타는 냄새가 난다. 빨리 둘러 봐!

– 이 식당에선 홍합을 사용하는군. 국물이 시원하겠어!

식당 근처에 이르기만 해도 금방 알아챕니다. 그래서 우리는 그 친구의 별명을 [개 코]라고 이름 붙였습니다. 다시 말해 그 친구는 우리 일행의 탐지견 역할을 하는 셈이지요.

본디 탐지견(探知犬)이란 코로 냄새를 맡아 가며 숨겨 놓은 대상물을 찾아내는 데 쓰는 군용견(軍用犬)입니다. 하지만 요즘 들어 다양한 목적으로 활용됩니다. 적군이나 폭발물을 찾아내는 일에 국한하지 않고 마약을 귀신같이 찾아낸답니다. 특히 뛰어난 후각(嗅覺) 능력을 가진 대표적 탐지견의 견종(犬種)으로 비글과 셰퍼드가 인기를 모읍니다.

그런데 가장 큰 의문점이 있습니다. 마약 탐지견이나 군견(軍犬)으로 우리 한국에서 으뜸으로 뽑는 진돗개를 활용하지 않고 셰퍼드를 쓰는 이유가 뭐냐는 겁니다. 그 의문에 다음과 같이 정의를 내릴 수 있습니다.

1. 진돗개는 셰퍼드보다 몸집이 작기 때문입니다.

군견이나 수색견(搜索犬)으로 활동하려면 아무래도 몸집이 커야 유리하겠지요. 하지만 우리 진돗개는 셰퍼드의 몸체에 비해 작은 편입니다.

2. 진돗개는 셰퍼드보다 사납지 못하기 때문입니다.

군견이나 수색견으로 활동하려면 매우 사납고 경계를 잘 해야 하는데, 셰퍼드가 싸움이란 측면에서 진돗개보다 뛰어납니다.

3. 진돗개는 천연기념물이기 때문입니다.

진돗개는 일본 제국주의 점령 시대 때 몰살당해 국가적으로 보호받고 있는 천연기념물입니다. 군견이나 탐지견으로 활용하기엔 법적으로도 문제가 있는 데다, 그 수도 매우 부족한 편이어서 진돗개를 군견으로 쓸 수가 없습니다.

4. 진돗개의 성격 때문입니다.

진돗개는 주인에 대한 충성심이 굉장히 강한 편이어서 웬만하면 주인을 바꾸려고 하지 않습니다. 하지만 군견이나 탐지견은 사전 훈련이나 본격적인 활동을 위해 주인을 자주 바꿔야 합니다. 결국 주인을 바꾸지 않으려는 충직함 때문에 진돗개를 쓰려면 어려움이 따르게 마련입니다.

47. 잘못 알려진 애견 상식

잘못 알려진 상식 1

개에게 검은 점이 있어야 순종일까?

– 애견 발바닥이 검지 않고, 일부라도 하얗다면 순종이 아니란 말이 떠돕니다. 그러나 이런 주장은 옳지 않습니다, 말티스 품종 등에서 나타나는 멜라닌 색소현상의 차이일 뿐 나이가 들면서 차츰 검은 색으로 변합니다.

잘못 알려진 상식 2

개가 우유를 많이 마시면 기생충이 생긴다?

– 애견이 우유를 마신다고 기생충이 생기지 않습니다. 우유는 지방분이 많이 함유되어 있는 음식이어서 적정량 이상을 마실 경우 설사를 할 수는 있겠지요. 임신 때나 강아지가 모유를 먹는 동안 어미의 몸에 기생하던 기생충에 감염되기도 한답니다.

잘못 알려진 상식 3

뼈를 튼튼하고 바르게 자라도록 하려면 칼슘을 추가 급여해야 한다?

– 건강한 강아지가 성장기간 동안 양질의 식사를 공급받을 경우 칼슘의 별도 보충은 필요하지 않습니다. 오히려 많은 양의 칼슘을 섭취하여 비정상적으로 성장하는 개가 많습니다. 수의사의 진단 결과 특별히 칼슘 섭취가 필요하지 않으면 추가로 칼슘을 급여할 필요가 없습니다.

잘못 알려진 상식 4

이스트를 먹이면 개의 벼룩을 예방할 수 있다?

– 이스트는 비타민B의 주요 공급원입니다. 하지만 이스트를 먹여서 벼룩을 없앨 수 있다는 과학적 근거란 없습니다.

잘못 알려진 상식 5

암캐의 불임을 위해 난소를 제거하려면 최소한 1번 이상의 발정기를 경험하고 난 다음이어야 한다?

– 암캐의 불임을 위해 난소 제거 수술을 합니다. 난소 제거 수술을 하기 전에 반드시 한 번 이상의 발정기를 경험할 필요는 없습니다. 발정기

를 경험하면 오히려 난소 제거의 의학적 이점을 잃어버릴 수도 있습니다. 발정기를 경험하기 전 난소가 제거된 애완견에서 종양 형성을 예방한다는 연구 결과가 보고되기도 했습니다. 발정기를 경험할 때까지 난소 제거 수술을 하지 않을 경우, 원하지 않는 임신이 가능할 수도 있다는 연구 결과가 있습니다.

잘못 알려진 상식 6

항문을 땅 바닥에 비벼대는 개는 기생충에 감염되었다?

실제로 편충에 감염된 개가 비슷한 행동을 보입니다. 편충은 애완견의 체내에 기생하다가 일정 기간이 지나면 변과 함께 몸 밖으로 나오기 때문입니다. 이 경우가 아니라도 애완견들은 항문낭이 부었거나 충혈됐다면 그런 행동을 보입니다. 항문낭은 개의 항문 가까이 있어 악취를 풍깁니다. 때로는 가렵거나 쓰라리게 하는 원인이 되기도 합니다. 개는 이럴 적마다 가려움을 느껴서 바닥에 항문을 비빕니다. 따라서 한 달에 1-2회 정기적으로 항문낭을 짜주어야 합니다.

잘못 알려진 상식 7

애견에겐 수혈을 할 수 없다?

애견이 처음으로 수혈을 받는다면 다른 혈액형은 별로 문제가 되지 않습니다. 즉, 혈액형이 다르더라도 수혈이 가능합니다. 그러나 계속해서 다른 혈액형의 피를 수혈할 경우 문제가 발생할 수도 있습니다.

아직까지는 수혈로 죽은 사례가 없지만 수혈 때 쇼크를 받을 수도 있습니다. 쇼크가 우려될 경우 먼저 항히스타민제를 주사하는 것이 바람직합니다.

수혈할 때는 아무 문제가 없다가 어느 정도 시간이 경과한 후 이상 증상이 나타나는 사례도 있습니다. 단순히 비실비실하거나 빈혈을 일으키는 정도라면 그다지 문제가 되지 않지만 사람처럼 눈의 흰자위가 노랗게 되거나 피부가 누렇게 되는 황달 현상이 일어나면 혈액형의 부적합 증상이 나타난 것으로 개가 위험에 처할 수 있습니다. 특히 이 때 태어난 강아지는 곧 사망합니다.

혈액 부적합으로 인한 사산(死産)이 우리나라에서는 생소하지만, 애견 문화가 발달한 유럽 등지에서는 이를 막기 위해 혈통서에 반드시 혈액형을 명기해야 합니다. 그뿐인 줄 아세요? 애완견 혈액은행이 따로 존재할 정도로 개들에 대한 관심과 애정이 각별하다고 합니다.

48. 바보 같은 인간들의 착각

1) 나이가 든 애완동물은 아픈 게 당연하다?

개와 고양이의 평균 수명은 11년 내지 15년이다. 11년 넘으면 대체로 사람의 40-45세에 해당하고 사람과 마찬가지로 유사한 질병을 겪는다. 노령견의 질병에 무엇이 있고 어떠한 조치를 해야 하는지 알아본다.

[노령화에 따른 질병]

신경기계 질환 : 척추 디스크, 치매 등

소화기계 질환 : 위암, 만성 위궤양, 결장 게실, 결장암, 소화 기능 부전증 등

간장 질환 : 간경화, 지방간, 간 비대증, 간암 등

내분비계 질환 : 당뇨병, 쿠싱 증후군, 갑상선 기능 저하증 등

비뇨기계 질환 : 결석, 배뇨 곤란, 자궁 축농증, 전립선암, 고환암, 난

소암, 방광암 등

안과 질환 : 녹내장, 백내장 등

이비인후과 질환 : 치주 질환, 치아 결손, 치석 침착 등

심폐 질환 : 폐렴, 폐암, 기관 협착증, 심기능 부전증, 고혈압 등

신장 질환 : 만성 신부전증, 신수종 등

[노령화에 따른 동물의 이상 증후와 진단]

– 사람을 잘 알아보지 못하고 배뇨 횟수가 증가한다.

– 간헐적으로 구토를 하고 식욕은 없지만 비만이 나타난다.

– 호흡이 바쁘고 쉽게 지친다.

– 걸음걸이가 비정상적이거나 간혹 어떤 물체에 부딪힌다.

– 입 냄새가 유독 심해지고 평소보다 많은 양의 물을 마신다.

– 전체적으로 컨디션이 저하되어 있다.

위에 열거된 질환의 경우 육안으로 확연히 드러나는 질병도 있지만, 대부분 특수한 검사를 통하지 않고는 무엇인지 알기가 불가능하다. 따라서 적절한 검사가 필수적이다. 정밀 검사로는 혈액 검사, 초음파 검사, 호르몬 검사, 오줌 검사 등을 들 수 있다.

[노령견 질병의 예방]

병의 치료보다 예방하거나 미연에 조치를 취하는 것이 중요하다. 말을 못 하는 동물의 경우 무언가 심상치 않거나 어딘가 아픈 듯 보여 동물병원을 찾았을 때는 이미 상당한 진행된 사례가 많다. 치료 기간과 치료비용이 상승하고 치료가 완벽하지 않거나 사망에 이르는 경우도 있다. 따라서 건강한 시기에 정기 검진이 필요하다.

[노령견 질환의 정기적인 검사 항목]

일반 신체검사, 간장, 신장, 췌장, 심장기능 검사, 요 검사, 일반 혈액 검사, 혈청화학치 검사, 갑상선 호르몬 검사, 초음파 검사, 복부 초음파 검사, 흉부 X- 검사 등을 들 수 있으며 기타 특수 검사들이 있다.

항문 주위에는 배변의 찌꺼기나 기생충 알이 배변과 함께 배출되어 붙어 있는 경우가 많기 때문에 평소 청결하게 관리하는 게 중요하다. 항문 주 위선, 항문 주 도관(직장에서 항문으로 연결되는 관) 등의 기관 기능과 변의 형태가 정상이라면 항문 주위가 극단적으로 더러워지는 일은 없다. 하지만 부드러운 변이나 설사를 했을 때 나머지가 묻기도 하고, 앉았을 때 먼지나 진흙이 더해져서 오물이 증가한다.

- 부드러운 변이나 설사로 항문 주위가 더러워질 때는 미지근한 물, 양질의 물, 자극이 없는 물로 씻고서 곧장 드라이로 말린다.
- 항문 부위를 땅에 문지르는 행동이 나타날 때는 개 촌충의 기생이 염려되기 때문에 동물의사와 상담하고 약을 투여한다.

[항문낭 짜는 법]

항문낭이란 항문의 5시와 7시 방향의 외복부에 위치하고 있는 일종의 낭이다. 제각기 얇은 도관을 가진 항문피선의 부위에 열려 있다

① 긴 털을 가진 견종의 경우 항문 주위 털과 꼬리 시작 부분의 안쪽 털을 짧게 자른다.

② 꼬리를 꽉 잡고서 등 쪽으로 올리고 항문을 돌출시킨다.

③ 손가락으로 항문 5시와 7시 방향의 부분을 누른다.

④ 티슈페이퍼를 사용하거나 강아지 샴푸를 사용할 때 진행하면 손가락이나 피모를 더럽히지 않는다.

⑤ 항문낭의 위치를 확인하여 될 수 있는 한 부드럽게 누른다. 너무

강하게 눌러 낭이 상하면 질병의 원인이 되기 때문에 주의한다. 내용물은 낭 벽에 발달한 지선 아포릭링 대간선(분비선 혹은 기름선)의 분비물, 끈적끈적한 진흙 상태나 물 같은 것이다. 이런 분비물을 그대로 방치하면 세균이 감염되어 악취가 있는 낭으로 충만해진다. 항문낭염, 항문낭종을 일으키는 원인이 되기 때문에 주의해야 한다.

2) 계절별 애완동물의 관리 방법은 다른 게 없다?

- 가을철의 질병 관리

봄과 같이 일교차가 아주 큰 계절이다. 호흡기 질환이 많아지고 강아지의 식욕이 늘어나는 계절이어서 식사량을 조절해야 한다. 여름을 탄다는 것은 어떤 의미일까? 뜨거운 여름이 지나고 선선한 바람이 불기 시작할 때부터 초겨울에 이르기까지의 사이에 병에 많이 걸린다는 의미이다.

특히 고령의 개에게 병이 많이 나타난다. 특별히 어떤 병이라고 내세울 수는 없지만, 이유 없이 기력이 떨어지고 쇠약해진다. 역시 기후나 기온의 변화가 생명체에 미치는 영향은 어쩔 수 없다.

이 시기를 어떻게 잘 넘길 수 있을지 주인은 걱정이 많다. 노령의 강아지에게는 자극을 적게 주고 무리하지 않도록 하는 것이 최상의 방법이다. 가을은 식욕이 왕성한 계절이라고 무조건 과식을 시키는 것은 좋지 않다. 이러한 배려와 노력이 노령의 강아지에게는 무엇보다도 좋은 약이 될 것이다.

- 가을과 식사

날씨가 선선하기 시작하면 강아지들도 식욕이 왕성해지고 체력을 회복한다. 하지만 지금까지 소량의 식사에 익숙해 있던 위에 갑자기 많은 양을 공급하면 절대 부담이 된다. 아직 식욕과 위의 소화 흡수 능력이 균형 상태가 아니기 때문에 과식이 되지 않도록 유의한다. 특히 소화가 잘 되는 영양식을 제공함으로써 체력 증진에 도움을 주어야 한다.

– 털갈이와 식사

가을이 깊어감에 따라 강아지도 겨울 준비를 시작한다. 긴 겉 털 사이에 짧은 속 털이 빽빽하게 자라난다. 이와 동시에 피하 지방도 붙는다. 이 상황에 걸맞게 단백질과 고지방 식품을 제공하는 게 바람직하다.

– 늦가을에서 초겨울까지의 대책

날로 추워지기 시작하면 디스템퍼나 바이러스성 호흡기 감염 등이 많이 나타난다. 서둘러서 예방주사를 맞히는 것이 좋다. 특히 난방 기구의 점검이나 방한 대책을 세워야 한다.

3) 여름철엔 휴가 가느라 바빠서 애견관리를 할 시간이 없다고?

– 장마철의 특징은 습도가 많고 봄과 여름의 환절기와 겹치는 데 있다. 아침저녁으로 온도차가 벌어지면서 불안정한 날씨가 지속된다. 장마 때 애견 기르기에 신경을 써야 할 점은 여러 가지가 있으나 가장 중요한 것은 식사다.

체험에 따르면 장마 때 설사하는 강아지가 의외로 많다. 췌장과 장에서 소화약이 잘 분비되지 않고 간과 위의 운동도 평소보다 활발하지 못하기 때문이다. 따라서 소화력을 둔화시키는 데 그치지 않고 입으로 들어가는 세균에 대한 저항력을 떨어뜨린다. 몸이 전반적으로 나빠지는 원인이 되어 배설 기능이 약해진다.

장마철에는 지방이 적고 담백한 고기나 생선, 양질의 동물성 단백질이어야 부담이 적고 소화가 잘 된다. 등 푸른 생선이나 먹다 남은 생선이라면 물에 삶아 주는 것이 바람직하다.

장마 때는 DOG FOOD가 원인이 되어 탈이 나는 수가 많다. DOG FOOD는 자연식품과 달리 어느 정도 발효시켜 만든 음식이어서 강아지의 소화력이 안 좋을 경우 소화불량을 일으키기 쉽다. 따라서 장마철에는 보통 때보다 양을 적게 주고 수분 함유량이 적은 DOG FOOD를 급여해야 한다.

식욕이 없는 장마 때일수록 적은 식사로 영양 밸런스를 유지해야 한다. 예를 들어 과자와 빵만 주면 금방 영양 장애를 일으킨다. 치즈, 탈지분유, 고기, 생선, 간 등을 섞어서 영양을 보충해야 한다.

DOG FOOD를 먹는 양이 보통 때보다 적을 경우 고기나 탈지분유를 주어서 영양이 부족하지 않도록 한다. 애견 사료들 중에 비타민 함유량이 부족하면 여러 가지의 질병이 온다거나 식욕 부진의 원인이 된다. 이럴 때는 동물의 간이 아주 좋다. 간에는 소화 흡수가 잘 되는 여러 영양소와 철분이 다량 함유되어 있다. 다만 장마철에는 습도가 높은 만큼 부패에 신경을 쓴다면 동물의 간은 애견의 먹이로 훌륭한 식품이다.

위에서도 언급한 내용이지만 습도가 높은 장마철에는 음식의 부패와 견사의 환기, 소독에 각별히 신경을 써야 한다. 건조한 DRY FOOD도 곰팡이로부터 보호해야 하고 통조림 사료도 개봉 후에는 철저히 관리해야 한다. 생선의 경우 신선도에 주의하고 냉동육도 해동과 냉동을 반복하는 것보다 1회분만 해동하는 것을 원칙으로 한다.

– 장마철에는 모기가 많아진다. 일반적으로 2~3세 이하의 강아지에게 큰 적인 모기는 필라리아증(심장사상충)의 원인이 되기 때문에 자견 때부터 모기에게 물리지 않도록 보살펴 주어야 한다.

모기 유충의 발생지인 하수구 관리, 하수구 청소, 물이 있는 곳의 풀 제거, 견사의 창에 방충망 설치, 모기약 사용 등을 실시하는 것이 필요하다. 하지만 매일 반복하지 않으면 안 되는 일이기 때문에 편리한 방법을 선택한다.

– 강아지가 생활하는 데 가장 적당한 온도는 연령이나 체력 등 강아지마다 다소 차이가 있다. 하지만 체온 조절을 위한 에너지 소모가 적은 20도 전후로 보면 적당하다. 봄이 되면 기온이 상승함에 따라 자율신경이 자극되어 신체 표면의 혈관이 부풀어 오름으로써 혈액의 흐름이 원활해진다. 따라서 강아지들도 춘곤증을 느끼기 쉽다. 적당한 운동과 함께 사지를 잘 펴주고 충분히 재워야 한다.

4) 봄철엔 원기를 회복하니 관리가 편하다?

– 봄이 되면 디스템퍼, 렙토스피라증 등 전염병이 늘어난다. 백신접종을 했는지 반드시 확인해야 하고 광견병 예방주사와 등록도 잊지 않도록 한다. 장내 기생충 감염이 늘어나는 시기다. 매달 변 검사를 실시하고 벼룩을 매개로 하는 견조충의 체질이 변에 섞여 있는지 매일 살펴야 한다.

– 손질할 때는 피부병과 외이염 등에 걸리지 않았는지 특히 신경을 써서 조기 발견할 수 있도록 한다. 견종과 환경에 따라 다르지만 봄은

털갈이를 하는 철이라고 할 수 있다.

견사나 침상은 매일 청소해 빠진 털을 제거한다. 항상 청결을 유지해 애초부터 벼룩이나 곰팡이 견조충이 서식하지 못하도록 해야 한다. 주변 환경에도 신경을 써 파리나 바퀴가 식기에 모여들지 못하도록 하고 모기 발생을 방지할 수 있는 대책도 미리 강구한다. 실내 견사나 침상은 수시로 햇볕을 쏘여 습기를 제거하고 살균 효과까지 얻도록 한다.

– 봄이 되면 기온이 상승해 체력을 유지시키는 단백질과 체온 유지에 필요한 에너지 소모가 줄어든다. 따라서 겨울철과 같은 고칼로리식을 계속 급여하면 운동량을 증가시켜도 체중이 불어나기 쉽다. 지방의 양을 줄이고 단백질도 겨울철의 80% 정도로 조정하는 것이 좋다. 온도가 높아짐에 따라 세균과 곰팡이 증식도 활발해 피부병이 늘어난다. 비타민 A2와 B2, 칼슘 등이 풍부한 식단을 준비해 피부병 예방에 신경을 쓰고 우유, 유제품, 달걀노른자 등을 이용하는 것이 효과적이다.

– 빠진 털과 비듬을 그대로 몸에 붙여 두면 피부병의 원인이 된다. 매일 빗으로 빗어 준 후 브러싱을 통해 피부를 적당히 자극한다. 따뜻해지면 강아지 특유의 체취가 강해진다. 적어도 일주일에 한 번 정도는 목욕을 시켜야 한다.

– 한국처럼 사계가 확실한 나라에서의 애견 관리란 봄과 가을보다 한여름과 한겨울이 상대적으로 문제가 많이 발생하는 시기다. 강아지는 몸 구조 때문에 겨울보다 여름을 더 싫어한다. 여름에 애견 관리를 잘하는 사람이라면 일 년 열두 달 아무 문제가 없을 것이다.

여름 냉방과 강아지 냉방 시설이 잘 되어 있는 실내에서 생활하는 강아지는 일단은 좋은 환경에 놓여 있다고 말할 수 있다. 흔히 냉방병을 걱정하는 사람도 있으나 냉기가 남아 있는 부근의 온도도 20℃ 이하로 내려가지 않기 때문에 걱정할 필요는 없다. 덥지도 춥지도 않은 온도를 [온도 중성 지역]이라고 한다. 사람의 온도 중성 지역은 26-30℃인 데 비해 강아지는 평균 15-25℃로 폭이 매우 넓기 때문이다.

옥외견의 고온 대책 기온이 30℃ 가까이 되면 개는 헐떡거리기 시작하고 혀를 내밀면서 침을 흘린다. 이 현상을 [열성 다호흡]이라고 하다. 구강이나 혀, 기도로 수분을 증발시켜 체온의 상승을 조절하기 위한 생체 작용이다. 이 작용이 나타날 때마다 통풍이 원만한 그늘에서 쉬게 한다.

캔 식품이나 드라이 식품 등은 단 시간에 부패해 버릴 염려가 있으므로 냉장고에 보관하는 것이 좋다. 먹다 남은 찌꺼기는 처분해야 한다. 냉동육을 줄 때는 단시간에 녹여서 주어야 한다. 온실에 그대로 방치하면 잡균이 급속히 번식하여 설사나 식중독의 원인이 된다.

의외로 경시되기 쉬운 것이 식기류다. 지저분한 식기에 번식한 세균이 장 카타르나 식중독의 원인이 되기도 하니 주의해야 한다. 특히 한낮의 아스팔트나 지면에서의 반사열은 놀랄 정도로 고온이다. 아침저녁의 선선한 때 운동을 시켜야 하는 이유다.

더위와 식욕 기온이 상승하면 강아지의 식욕도 떨어져 보통 때의 절반 정도밖에 먹지 않는다. 이런 현상은 더위로 위나 장의 소화 기능이 낮아지는 것에도 원인이 있지만, 음식의 양을 줄여서 체온의 상승을 막고자 하는 것이므로 크게 걱정할 필요는 없다.

강아지의 식욕이 떨어지면 식사도 저녁 무렵의 선선한 때를 택하여 하루 한 번 주는 게 합리적이다. 여름엔 열성 다호흡에 의한 수분의 배출도 심하다. 이로 인해 수분이 부족해지면 몸에 이상이 생길 수 있으므로 항상 마실 수 있도록 깨끗한 물을 준비해 두어야 한다. 옥외에서 생활하는 강아지에게는 하루 중 온도가 가장 높을 때 냉장고의 시원한 물을 꺼내 주는 것도 좋은 방법이다.

더위와 털 체온 상승 조절을 위해 피부로 열기를 분출하지만, 털이 긴 강아지는 그 효율성이 높지 않다. 특히 패키니즈, 쉬즈 같은 강아지들은 두부가 짧고 털이 길어 더운 계절을 보내기가 매우 힘들다. 이럴 때는 털을 짧게 잘라 주거나 목욕을 시키는 게 좋다. 하지만 목욕 후 털이 젖은 상태에서 강아지를 햇빛에 방치할 경우 열사병에 걸릴 우려가 있기 때문에 주의해야 한다.

여름의 열병과 일사병 무더운 날씨의 직사광선에 방치하거나 햇살이 잘 드는 밀폐된 방에 두면 열병이나 일사병에 걸릴 가능성이 높다. 환기가 좋지 않은 수송 우리로 강아지를 운반할 때도 열사병에 걸리기 쉽다. 우리 안의 온도 상승 방지를 위해 얼음주머니나 ICE NON을 수건으로 싸서 넣어 두면 효과적이다. 일사병이나 열병에 걸릴 경우 헐떡거리면서 입에 거품을 물고 침을 흘린다. 심한 경우엔 의식을 잃기도 한다. 그늘로 옮긴 뒤 찬물을 끼얹고 젖은 타월로 몸을 감싸고 얼음주머니나 ICE NON으로 몸을 식히며 병원으로 이동해야 한다.

해충 제거 대책 강아지의 몸에 벼룩이 붙어 있으면 살충제 등을 사용해 빨리 제거해야 한다. 최근에는 살충제가 들어 있는 강아지 목걸이도 있어 활용하면 편리하다. 필라리아의 매개체인 모기를 완전히 없애는 것은 어렵지만, 최근 들어 필라리아를 예방하는 내복약도 나와 있다. 수의사와 상담 후 사용하는 게 바람직하다.

피부병과 예방 대책 여름은 피부병이 많은 계절이다. 여름철의 곰팡이, 세균, 벼룩, 알레르기, 호르몬 등은 피부병의 원인이 된다. 피부병 중에서도 습진이 가장 많다. 한여름에 대비하여 평소 운동을 열심히 시킴으로써 체력을 충분히 유지할 수 있도록 하는 게 훌륭한 예방 대책이다.

겨울철은 여름철보다 강아지가 견디기 좋은 계절이다. 하지만 사람이 추위를 타기 때문에 애견의 운동을 등한시할 수 있다. 야외 운동을 시킬 만한 장소가 없다면 브러시로 모근을 자극하는 정도로 자주 빗겨 준다. 브러싱의 효과는 생각 외로 크기 때문에 운동한 것과 비슷한 효과도 얻을 수 있다. 겨울철 일사량을 많이 받지 못한 강아지의 피부를 자극하면 피모(皮毛)가 강해지고 피부병의 예방에도 아주 효과적이다.

5) 겨울철엔 활동이 없어서 관리가 필요 없다?

일반적으로 강아지는 추위에 강한 편이다. 하지만 강아지의 종류에 따라서 추위를 견디는 능력에 많이 차이가 있다 주로 실내에서 자라는 몸집 작은 강아지가 추위에 약한 편이다. 강아지의 종류에 관계없이 노령의 개도 추위에 약하다.

실내견과 난방 생활 인간과 같은 생활환경에서 지내는 애완견의 경우 그다지 신경 쓸 필요는 없다. 하지만 난방을 끄

고 취침할 때는 밤 동안의 실내 온도가 급격히 하강한다. 따라서 실내용 강아지 집에 따뜻한 모포를 깔아 주어야 한다. 겨울에는 전기난로 등의 스위치를 건드려 감전되는 수도 있고, 난로 옆에 오래 있으면 열사병 등을 일으킬 수 있으니 각별한 주의가 필요하다.

옥외견의 방한 대책 개 스스로 추위에 대한 적응력을 유지하고 있다. 하지만 북풍이 불어 닥치는 장소에서는 참기 힘들다. 개집을 남쪽 방향의 햇볕이 잘 드는 곳으로 옮겨야 한다. 특히 비가 새는 곳, 눈이 쌓이는 지역 등은 피하는 게 좋다. 처음 겨울을 맞는 강아지나 노령의 개에게는 따뜻한 모포를 깔아주는 등의 배려도 필요하다.

겨울 운동 다른 계절에 비해 운동량이 부족하기 때문에 더 신경을 써야 한다. 운동을 나갔던 강아지가 젖었다면 감기의 원인이 되지 않도록 반드시 털을 닦고 말려야 한다. 밖에서 운동하는 습관이 없는 강아지더라도 겨울에는 햇볕이 잘 드는 실내에서 충분히 일광욕을 쬐게 하고 운동을 시키는 게 바람직하다. 실내에서의 자외선은 매우 약한 편이어서 직사 일광을 쬐도록 배려한다.

털 관리 겨울이 되면 체온 유지 목적 때문에 피부의 혈관이 수축한다. 혈액 순환을 돕기 위해 매일 털 손질을 하는 게 바람직하다. 털이 더러워지는 것은 여름이나 겨울이나 같지만 겨울 목욕은 한 달에 한두 번 정도로 족하다. 하루 중 가장 따뜻한 때에 빨리 씻기고 말려야 하고, 목욕 후 관리에 특별히 신경을 써야 한다.

식사 실내견은 다른 계절과 비슷하게 사료를 제공해도 문제가 없다. 하지만 옥외 견은 여름에 비해 칼로리 소비가 많아진다. 따라서 칼로리가 높고 소화가 잘 되는 식사를 제공하여 추위로 상실되는 에너지의 보급과 피하 지방의 축적에 도움이 되도록 해야 한다.

호흡기병 감기란 겨울에 가장 잘 걸리는 병이다. 강아지의 감기는 사람에게 전염되지 않는다. 병을 유발하는 바이러스가 서로 다르기 때문이다. 강아지가 감기에 걸렸을 때는 무엇보다 따뜻하게 해야 하고 안정이 가장 필요하다.

옥외견의 경우 집을 따뜻하게 해 주어야 한다. 모포를 깔아 주거나 히터를 사용하는 것도 훌륭한 방법이다. 감기에 걸린 강아지는 냄새를 맡을 수 없어 식욕이 떨어진다. 이럴 때일수록 강아지가 좋아하는 영양 식품으로 체력을 보강시켜야 한다.

구충 기생충의 전염은 겨울에 거의 없다. 그 대신 구충의 유무를 확인할 필요는 있다. 변 검사 결과에 따라 수의사의 지시를 따르도록 한다.

일광욕 실내견의 경우엔 일광욕이 부족하여 다리나 허리가 약한 편이다. 특히 겨울은 일조 시간도 짧기 때문에 날씨가 따뜻한 날을 골라서 일광욕을 시키는 게 바람직하다.

6) 발톱 손질은 동물병원에 갈 때만 하라?

– 1개월에 3-4회 기본적으로 발톱을 깎아 주는 게 원칙이다. 보통 성견의 경우 동물병원을 방문하는 횟수가 1년에 4-5회 정도이기 때문에 집에서도 발톱을 깎아 주어야 한다.

대부분 발톱을 깎아 주는 것을 등한시한다. 발톱을 손질하다가 피를 볼까 두려워한다. 그렇기 때문에 수의사나 전문 미용사들에게 맡기려고 한다.

긴 발톱 때문에 걷기도 불편할 뿐 아니라 심한 경우 다리를 절뚝거리기도 한다. 따라서 1개월에 2회씩 깎아 주어야 한다. 생후 2개월부터 발톱 깎기 습관을 들이는 게 좋다.

– 애견이 서 있을 때 바닥보다 조금 위에 발톱이 떠 있어야 한다. 이 상태를 유지하려면 매주 조금씩 손질하여 주는 게 가장 효과적이다. 발톱을 손질할 때 가장 큰 문제점은 발톱 안의 혈관에 집중된다. 따라서 이 혈관 바로 앞까지 정밀하게 발톱을 깎는 게 중요하다.

혈관이 상하면 곧바로 피가 나고 애견이 깽깽거린다. 어느 누구나 이런 실수는 할 수 있다. 수의사나 애견미용사도 가끔 혈관까지 자르는 실수를 저지르기 때문에 지혈제를 늘 준비해 둔다. 애견의 발톱이 투명하다면 분홍빛 부분이 바로 혈관이다. 검은 발톱을 가진 애견의 경우 불빛에 비추어 보면 혈관이 보인다.

7) 내 치아 닦기도 벅찬데 애견의 이빨을 닦아 주라고?

– 관리가 소홀하면 치료비용 때문에 두고두고 속을 썩일 수 있다. 영양부족 등으로 제때 이갈이를 못한 개에게서는 심한 냄새가 난다든지 치주염, 소화불량 등으로 발전해 애견의 장수에 지장을 준다.

강아지가 이갈이를 시작하는 시기는 보통 생후 4~7개월경부터다. 문치(앞니)부터 빠지고 새로 나오는데 생후 5~8개월까지는 영구치(위 :

10×2 아래 : 11×2)로 완전히 교체된다. 이 시기에 유치가 안 빠지면 영구치와 같이 "덧니" 형태로 남아 두고두고 문제를 일으킨다.

– 아무리 예쁜 강아지일지라도 구취가 심하면 곤란하다. 더구나 유치에 찌꺼기 등이 쌓여 썩는 상태를 그대로 방치해 둘 경우 5살도 채 안 돼 이빨이 다 빠져 잇몸으로만 버티는 안타까운 지경에 이르기도 한다. 따라서 평소의 칫솔질과 정기적인 치석 제거 등 애견의 치아 관리는 필수적이다.

치아 관리의 기본용품으로는 개 칫솔과 개 치약 사용이 가장 일반적이다. 칫솔질 횟수는 많을수록 좋다. 이 밖에 간편하게 뿜어줄 수 있는 구강 스프레이, 치아운동용 끈, 개 껌 등 보조용품들이 있다.

8) 애견의 귀 청소는 위험하다?

– 애견의 귀는 기역(ㄱ)자로 꺾여 있다. 면봉 등을 넣어도 고막을 건드릴 위험은 없다. 무리하게 힘을 주지 않으면 괜찮다. 애견의 귀청소를 할 때 사람처럼 귀 쑤시개로 귀지를 긁어내서는 안 된다.

손질을 게을리 하면 귓속에 때가 끼고 냄새가 나 오히려 불쾌감을 줄 수도 있다. 애견은 귀의 상태가 좋지 않으면 뒷다리로 긁거나 귀를 흔든다. 애견과 함께 할 때면 귓속을 들여다보는 습관을 갖도록 하자. 귀가 늘어진 견종은 특히 주의가 필요하다.

귀지는 처음에는 누렇고 축축한데 시간이 지남에 따라 갈색으로 변한다. 귀지가 갈색이나 검은색을 띠면 잡균이 번식하기 쉬운 상태이므로 특히 주의가 필요하다. 귀와 관련된 트러블로는 외이염이나 중이염 외에 곰팡이나 진드기의 번식을 들 수 있다.

귀 진드기는 육안으로도 볼 수 있다. 푸들이나 쉬즈와 같이 견종에 따라서는 귓속에 털이 나는 경우도 있다.

귀가 늘어지고 귓속에 털이 자라는 견종은 통기성이 나빠 귓속이 잘 무를 염려가 있다. 정기적으로 안을 점검하고 불필요한 털은 뽑아 준다. 털을 뽑을 때는 모근을 잡고 뽑아야 간단히 뽑히고 애견도 아픔을 덜 느끼게 된다. 귀 점막에 상처를 내지 않도록 주의한다.

이어파우더 불필요한 털을 뽑을 때 먼저 털에 뿌려두면 미끄러지는 것과 통증을 줄인다. 샴푸 사용 후 귓속을 건조시키는 데 사용하거나 진드기를 방지하는 효과도 있다.

세정액 귀청소를 할 때 귓속에 몇 방울 떨어뜨린다. 더러움을 제거하는 성분이 들어 있다.

베이비오일(대용품) 수분을 주어 귀 점막에 상처가 나는 것을 방지한다. 올리브 오일을 대용하기도 한다.

겸자 가위와 비슷한 형태로 끝이 잘 벌어지지 않아야 한다. 날 사이에 피부가 끼지 않도록 주의한다.

면봉 겸자가 없는 경우 면봉으로 귀청소를 한다.

탈지면 겸자 끝에 말아 귀청소를 한다. 탈지면으로만 귀청소를 할 수도 있다.

49. 의무적으로 기억해야 할 애견 상식

– 정상적인 개

1) 체온 38.5℃~39℃

2) 맥박 : 70~120회 / 1분

3) 호흡 : 15~20회 / 1분

4) 혈압 : 60~180Hg

– 교배 적기

발정 개시 10~15일(수의사 상담)

– 임신 기간

58~63일 (수의사 상담)

– 단이 적기 (귀 수술)

생후 70~90일(그레이트데인, 복서, 도베르만, 슈나우저, 미니어쳐핀셔, 보스턴테리어, 핏불테리어, 미니핀).

– 단미 수술 (꼬리 수술)

동물 보호 차원에서 꼭 필요한 경우(악성 피부병 등)가 아니면 지양하

고 있는 추세다

– 치아

생후 3, 4주에 견치(송곳니)부터 나기 시작하고 생후 4, 5개월경에 문치(앞니)부터 갈기 시작. 생후 5, 6개월이 되면 영구치로 갈게 됨.

– 젖 떼는 시기

출산 후 45~60일경이 좋음

– 강아지 눈 뜨는 시기

생후 15일경

– 하루 물 먹는 양

체중 1kg당 50cc (예 : 5kg → 250cc)

– 개의 식사 횟수

1) 생후 1, 2개월 (1일 5, 6회)

2) 생후 2, 4개월 (1일 4회)

3) 생후 5, 10개월 (1일 3회)

4) 생후 5, 6개월 (1일 2회)

– 이물질을 삼켰을 때

강아지는 호기심이 많고 씹는 것을 좋아해 무엇이든 뒤적거려 먹는 습성이 있다. 사후치료에 앞서 중요한 것이 사전 예방. 바둑알이나 볼펜꼭지, 동전, 클립 등 강아지가 삼킬 우려가 있는 물건들은 강아지 눈에 띄지 않도록 미리미리 치워 두는 습관을 기르자.

강아지가 먹어서는 안 될 물건을 삼켜 버렸다면, 일단 입을 벌려 상태를 확인해야 한다. 이물질이 목에 걸려 숨을 못 쉬는 경우 입을 벌려 이물질이 보이면 일단 꺼내고, 이물질이 보이지 않는 경우라면 목을 쓰다듬어 주거나 손가락으로 밀어 넣어 일단 호흡을 할 수 있도록 조치를 취한 후, 최대한 빨리 동물병원으로 옮겨야 한다.

작고 둥근 물건은 그냥 배설되지만 날카롭고 뾰족한 이물질은 소화기에 상처를 낼 수 있다. 때로는 출혈을 일으키고 심하면 죽을 수도 있기 때문에 세심한 관찰이 요구된다. 위험하다고 판단되면 즉시 병원으로 이송해야 한다.

– 예방 접종은 어떻게 하나?

DHPPL(5종 종합 백신) – 디스템퍼(Distemper : 홍역), 전염성간염(InfectiousHepatitis), 파보바이러스(Pavo- virus)성 장염, 파라인플루엔자(Parainfluenza), 렙토스피라(Leptospirosis) 등 5가지 질병을 한꺼번에 예방할 수 있는 백신이다.

DHPPL은 그 머리글자의 모음이다. 생후 45일경에 1차, 생후 10주와 14주에 다시 2, 3차 접종하면 이들 5가지 질병을 한꺼번에 예방하고 강아지를 건강하게 키울 수 있다. 하지만 이들 질병은 영구 면역이 되지 않는다. 매년 1~2회 추가 접종을 실시해야 하는 이유다.

1) 디스템퍼(Distemper : 홍역)

디스템퍼에 감염된 개의 눈물, 콧물, 대소변 등 분비물과의 접촉이나 공기 전파를 통해서 전염된 바이러스가 3~6일의 잠복기를 경과한 뒤 발병한다. 식욕부진, 발열, 누런 콧물과 눈곱, 눈의 충혈(결막염), 구토, 설사가 나타난다.

병이 심해져 바이러스가 뇌에 침입하면 마비나 경련을 일으켜 치료가 어려워진다. 39.5~41°C 정도의 고열이 발생하기도 한다. 탈수를 방지하기 위해 수액을 공급하고, 제2차 감염을 방지하기 위해 항생제 등을 투여한다. 면역 혈청 요법이나 항생제 요법, 수액요법을 사용하기도 한다. 그러나 홍역은 치사율이 90%에 달하는 난치병이므로 철저한 예방만이 유일한 방법이다.

2) 전염성 간염(Infectious Hepatitis)

전염된 개와의 접촉이나 각종 분비물을 통해 아데노바이러스가 전염돼 발병한다. 주로 간을 손상시키고 식욕 부진과 고열, 원기 쇠약, 혈액 섞인 구토, 설사, 각막염 등의 증상을 보인다. 수액 요법, 비타민 투여, 항생제 등을 투여해 치료한다. 그러나 이 바이러스는 완쾌 후 에도 장기간 잠복해 있으므로 회복된 후에도 주의해야 한다. 공기 전염은 되지 않는다.

3) 파보바이러스(Pavo- virus)성 장염

감염된 개의 배설물과의 접촉 또는 호흡기를 통해 파보 바이러스가 전염돼 발병한다. 흔하고 감염력이 높은 위험한 바이러스 질환이다. 초기 증상은 잘 나타나지 않고 설사와 구토를 한다. 피가 섞인 설사를 하기도 하는데 병이 상당히 진행된 후라고 생각하면 된다.

높은 열과 심한 구토, 식욕 부진, 탈수, 호흡 곤란 등의 증상을 보인다. 때로는 갑자기 발병해 24시간 이내에 죽는 경우도 있다. 특히 어린 강아지일수록 치명적이다.

가장 중요한 건 탈수 방지에 신경을 쓰는 일이다. 심한 탈수 방지를 위해서 전해질을 충분히 공급해 줘야 한다. 또 설사가 멎었다 해도 지속적으로 관찰해야 한다.

4) 파라인플루엔자(Parainfluenza)

바이러스성 호흡기 질병으로 감염력이 매우 높다. 증상으로는 심한 발열, 콧물 분비, 편도선 염, 거친 기침과 질식할 듯 소리를 낸다.

5) 렙토스피라(Leptospirosis)

사람이나 쥐, 감염된 개의 분비물을 매개체로 입이나 피부를 통해 감염된다. 초기 증세로 열이 오르고 힘이 없어지며 식욕이 떨어지고 구토와 설사를 한다. 치사율이 매우 높고 용케 살아나도 신장 기능의 손상은 피할 수 없다.

6) Corona(코로나)

구토, 설사, 탈수를 주된 증상으로 하는 급성 바이러스성 소화기 전염병이다. 코로나 바이러스의 감염에 의하여 발병한다. 자견(강아지)과 성견(어른 개)에서도 감염되지만, 특히 자견에서 많이 발생한다. 견종, 연령 등에 관계없이 발병하고 전염 속도가 가공할 정도로 뛰어나다.

효과 있는 치료제란 없다. 예방 접종을 철저히 해주고 청결한 공간을 만들어 줘야 하다., 생후 6주가 지난 뒤부터 2~4주 간격으로 2~3회 접종하는 것이 바람직하다. 발병 시에는 안정과 보온을 취하고 스트레스를 받지 않게 해야 한다. 수액요법과 2차 세균 감염을 방지하기 위한 항생제 투여를 해야 한다. 급성 설사나 탈수가 있을 때는 전해질과 수액을 공급하고 항생제, 대사촉진제 등으로 복합 치료해야 한다.

7) Kennel Cough(켄넬코프)

감기의 일종으로 가장 심하고 고통스럽다. 눈 주위에서 진물이 나고 기침도 심한 증상을 보인다. 디스템퍼 같은 질병과 합병증을 유발할 경우 매우 치명적이다. 생후 8주부터 2~4주 간격으로 2~3회 접종한다. 생후 8주, 그러니까 DHPPL 3차 접종 1개월 뒤부터 매년 1, 2회씩 접종해야 한다.

8) 광견병(Rabies)

사람과 애견이 함께 감염될 수 있는 인수 공통 전염병이다. 생후 3-4 개월 정도부터 1회 접종을 시키고 6개월~1년이 지난 뒤 추가 접종을 한다. 동물의 타액을 통해 물린 상대 동물에게로 전염된다. 일단 발병하면 흥분하고 불안해하며, 어두운 곳을 찾고 땅을 파는 증세를 보인다. 그 뒤 아무거나 먹으려고 하고 가벼운 마비 증세를 보인다.

물을 두려워하고 피하기 때문에 공수병(恐水病)이라고 부른다. 끝내 전신마비가 일어나 죽게 되는 병이다. 마땅한 치료약이 없으므로 예방이 최선책이다. 일단 사람이 개에게 물리면 광견병을 의심해 상처의 피를 짜내고 가까운 병원이나 보건소에서 치료를 받아야 한다.

인간을 물은 개의 크기, 털 색, 상태 등을 알아둬야 한다. 광견병에 걸린 개는 7일 안에 죽기 때문에 사람을 문 개는 동물 병원에 10일 정도 입원시켜 감염 여부를 확인하는 것이 바람직하다.

50. 강아지의 행동을 알면 심리가 보인다

– 소리로 의사를 소통한다.

개는 여러 가지 소리로 자신의 의사를 표현한다. 여러 마리가 모이면 리더가 있어 정해진 규정대로 무리 지어 지내거나 자기 영역을 만들어 놓고 생활한다. 소리, 냄새, 동작 등으로 같은 무리끼리 혹은 가까이 있는 같은 종류의 동물과 연락을 취한다.

– 꼬리로 자신의 지위를 나타낸다.

꼬리를 뒷발 사이에 넣는 것을 [꼬리를 말다]라고 표현한다. 공포, 불안, 복종을 나타내는 신호다. 반대로 꼬리를 높이 올리는 행동은 자신이 강하다고 과시하는 것이다.

꼬리를 뒷발 사이에 넣는 행동은 항문선을 덮어 자신의 냄새를 상대가 감지하지 못하게 함으로써 자신의 냄새를 지우려고 하는 것이다. 두 마리의 개가 만나면 꼬리를 당당하게 쳐들어 항문 부위를 드러내고 서로 상대의 냄새를 탐색한다. 그러다가 상대편이 강하다고 느껴지면 꼬리를 말아 버린다.

– 한 쪽 다리를 들고 오줌을 눈다.

전신주 등에 오줌을 눌 때 수컷은 뒷발의 한쪽을 들고 오줌을 누고, 암컷은 허리를 내려 용변을 본다. 하지만 수놈이라도 아직 미성숙한 놈은 암놈처럼 용변을 본다. 그럼에도 그 중에 특별한 놈이 있다. 암컷도 뒷다리를 들고 누기도 하고 양다리를 다 드는 놈도 있다.

암놈이 다리를 들고 오줌 누는 것은 호르몬과 관계가 있다고도 하고, 그렇지 않다고도 한다. 하여간 수컷이 오줌을 눌 때 다리를 들면 높은 위치에 용변을 보게 된다. 그래야 냄새가 멀리 날아가기 때문에 눈에 잘 띄고, 오줌 누는 높이가 코의 위치에 이르러서 다른 개가 알아보기 쉽기 때문이다.

– 뒷발 사이의 냄새를 맡는다.

개들이 만나면 꼬리를 들고 접근하여 서로의 엉덩이의 냄새를 맡는다. 이렇게 서로의 냄새를 맡는 행동은 개들의 인사이면서도 상대가 수컷인지 암컷인지, 강한지 약한지 등을 알 수가 있다. 이때 상대의 엉덩이를 깨무는 행동은 개들의 매너 위반으로 만약 물었을 경우 거친 반격을 받게 된다.

– 변을 본 후 특이한 행동을 한다.

개들이 용변을 보고 뒷발로 흙을 끼얹는 동작을 보고 사람들은 그 개가 머리 좋다고도 한다. 그러나 전혀 그렇지 않다. 개가 뒷발로 흙을 끼얹어 자신의 용변을 덮는 행위는 야생에서의 생활 습관인 본능이 아직도 잠재되어 있기 때문이다. 애견전문가들은 애견이 뒷발로 흙을 차는 행동을 두 가지로 해석하고 있다.

첫째, 자신의 용변을 주변으로 멀리 뿌려서 자신의 존재나 영토를 알리는 행위이다. 둘째, 자신의 용변을 흙으로 덮어 적으로부터 자신을 숨기는 행위이다. 대부분 후자의 학설을 인정하며 애견들이 자신의 적이 없는 현대에서도 자신의 용변을 감추려고 하는 것은 머리가 좋아서도 아니며 그저 잠재된 본능이라고 보면 된다.

– 꼬리를 흔든다.

꼬리를 흔드는 행동은 상대방에 대하여 친하다는 것을 표시하는 것으로 알려졌다. 하지만 [그 장소에서 도망가고 싶으나 한편으로는 그곳에 있었으면 좋겠다]는 의미로 꼬리를 흔든다고 한다.

사육하는 사람 등을 보면 인간은 개보다도 상당히 크기 때문에 그곳에서 도망가고 싶다. 하지만 그곳에 있으면 무엇인가 맛있는 것을 줄지도 모른다, 쓰다듬어 줄지도 모른다고 생각한다. 이러한 두 가지의 감정이 마음속에 뒤섞여 꼬리를 흔드는 것이다.

일반적으로 우호적인 경우에는 꼬리를 수평에 가깝게 크게 흔들고, 위협하는 경우에는 꼬리를 세워 작은 움직임으로 흔든다. 그러므로 꼬리를 흔든다고 하여 안심하고 가까이 가서는 안 된다.

관찰에 따르면 어느 정도 공격적인 기분의 개가 상대에게 접근하여 갈 때에도 꼬리를 흔드는 것을 볼 수 있다. 이것은 마음속의 불안으로부터 도망가려는 기분과 접근하여 혼내 주려하는 적대심과의 감정이 뒤섞여 있기 때문이다.

- 뛰는 것을 뒤쫓는다.

개의 조상은 늑대와 같이 포획물을 쫓아 쓰러뜨려 먹이로 삼는 생활을 했다고 생각된다. 개가 뛰고 있는 것을 쫓는 행위란 그 때의 습성이 남아 있기 때문일 것이다. 표적이 된 사냥감을 죽이려는 게 아니라 놀이로서 쫓는 것이다. 하지만 쫓기는 쪽이 놀라서 비명을 지른다거나 하면 개의 경우도 점차 흥분하여 진짜로 물기도 한다.

- 배를 만져줄 때 뒷다리를 떤다.

흔히들 개의 피부병이 있는 부분을 긁어 주었을 경우 개가 뒷다리를 심하게 떨면 옴이라는 피부병에 걸렸다고 한다. 그러나 개의 배 부위를 만져주어 시원하거나, 피부병이 있는 부분을 긁어주었거나, 귀청소 등으로 개가 아플 경우에도 뒷다리를 떤다.

아픈 경우가 아니라면 인간이 귀지를 파낼 때 기분이 좋으면서도 불안한 심정으로 눈 주위를 찡긋찡긋하는 것과 같은 현상이라고 보면 된다. 그러나 개의 배를 자주 만져 주고 전혀 위험이 없다고 판단되면 개의 다리 떨기도 줄어든다.

- 사람의 입을 핥는다.

개가 주인의 입이나 입 주위를 핥으려고 하는 것은 개만의 스킨십이다. 개와 같은 동물은 어릴 때 어미로부터 젖을 먹고 자라지만 이유식을 하는 나이가 되면 어미가 먹이를 입으로 전달한다.

입으로 잘게 찢은 고기도 주지만 사냥감을 뱃속에 저장하고 와서 다시 뱉어서 주기도 한다. 이것이 본능으로 남아서 자신의 주인이라고 판단되는 사람이나 친분이 있는 사람의 입 주위를 핥는다.

– 새끼를 돌보지 않는다.

보통의 개들은 자신이 낳은 새끼를 혼자 낳아 탯줄을 자르고, 몸을 말려주고, 젖을 먹이고, 용변을 치우며 잘 키울 수 있는 능력이 있다.

그러나 어미가 자신의 새끼 강아지 중에 유독 어떤 강아지만 보호하지 않고 방치한다면 강아지를 키우지 못해서가 아니고 다른 이유에서다. 문제의 강아지에게서 다른 냄새가 난다거나 자신의 새끼가 아니라는 판단이 섰을 경우가 있고, 선천적인 질병에 걸린 강아지임을 알고 미리 포기한 경우가 될 수 있다. 개는 자신의 강아지가 다른 강아지에 비하여 약하거나 질병에 감염되어 죽을 것이 당연하면 그 강아지를 방치한다.

강아지의 언어 이해하기

강아지들도 행동으로 자신들의 의사를 표현한답니다. 아래 몇 가지 예를 기억해 두고 우리 강아지가 어떤 말을 하는지 느껴 보세요.

– 큰일 났어요!

갑자기 놀란 듯이 크게 멍멍 짓을 때는 [주인님, 이리 와서 이것 좀 보세요. 여기에 무슨 일이 생겼답니다!]라는 뜻이랍니다. 그러면서 자꾸 그쪽으로 가자는 사인을 보낸답니다.

– 우리 친하게 지내자

꼬리를 살랑살랑 흔든다면 [난 네가 좋아! 너랑 친해지고 싶어!]라는 표시입니다. 만나서 반갑다고 사람들이 [안녕!] 하고 손을 흔드는 것처럼 강아지들은 꼬리를 흔든답니다.

– 안녕, 친구야!

엉덩이를 킁킁거리며 냄새를 맡는 몸짓은 사람들이 악수하는 것과 같은 의미입니다. 꼬리 밑에 있는 독특한 냄새가 나는 곳에다 코를 대는 것은 개들의 악수인 셈이지요. 수상한 짓을 하려는 몸짓이 아니라 단지 악수, 즉 인사를 하는 것이니까 억지로 떼어놓지 마세요.

– 네가 너무너무 좋아!

귀와 꼬리를 쫑긋 세웠다면 [난 네가 좋아!]라고 말하면서 미소를 짓는 것입니다. 자세히 보면 웃는 것처럼 입매도 약간 올라가 보입니다.

– 넌 누구야 정체를 밝혀!

[아이, 귀여워] 하면서 쓰다듬어 주려고 하면 대부분의 개들은 선뜻 몸을 맡기지 않습니다. 상대가 어떤 사람인지 손의 냄새를 킁킁 맡습니다. 바로 [넌 누구니?]라고 묻는 행동입니다. 좋은 사람이라고 판단이 되면 몸을 맡기고 그렇지 않으면 피합니다.

– 아, 기분 좋아!

눈을 가늘게 뜨고 혀를 쭉 내민 채 꼬리를 짧고 빠르게 흔들면서 경쾌한 발걸음으로 다가 온다면 [나, 지금 기분 엄청 좋아요]라는 뜻입니다.

– 아이 따분해!

바닥에 몸 전체와 얼굴을 대고 엎드리거나 엎드려서 눈을 치켜뜨고 멀뚱히 있거나 멀뚱히 사람을 쳐다본다. 또는 앞발을 몸 앞으로 내민 채 그 위에 머리를 얹고는 엎드려 뚱한 표정을 지을 때 강아지는 따분하다는 의미입니다.

- 나, 지금 떨고 있어!

개가 꼬리를 다리 사이로 감추는 것은 겁을 먹었다는 증거입니다. [나, 지금 떨고 있어!]라고 말하는 것과 같습니다. 귀를 납작 뒤로 젖히고 꼬리를 감춘 채 다리를 구부리고 엉덩이를 뒤로 쭉 뺀다면 100% 겁에 질렸다는 뜻입니다.

- 난 너무너무 외로워요!

허공을 쳐다보고 늑대처럼 길게 [아우~~~] 하며 우는 행위는 [난 지금 너무 외로워요!]라고 절규를 하는 것이랍니다. 가끔 개들은 한 번씩 이렇게 울기도 하지만, 주인이 없을 때 이렇게 우는 것은 마음의 병이 걸린 것입니다. 요즘 강아지들도 우울증이 많이 걸린답니다.

텔레비전이나 라디오를 켜두고 외출하면 그런 행동을 좀 덜하다고 합니다. 아니면 친구 강아지를 한 마리 더 만들어 주는 것이 좋습니다.

- 컹컹 합창곡

멀리 있는 개와 서로 컹컹하면서 짖는 행동은 [나, 여기 있어. 너 잘 있니?]라고 서로 안부를 묻는 거랍니다. 같은 동족임을 확인 하는 의미이고 늑대 시절부터 있던 습성이랍니다.

- 나랑 놀아요!

앞다리에 힘을 주며 사람 주위를 이리저리 뛰는 건 한번 놀아보자는 뜻입니다. 주둥이를 몸에 대고 앞발을 들면서 기대에 찬 표정으로 사람을 쳐다보기도 합니다.

51. 울음소리로 알아보는 표현법

– 끙~ 끙~

고통을 표현한다. 낮은 소리로 슬프게 호소하듯이 계속해서 운다.

– 으르렁~

공격의 전조로서 무엇인가를 암시하듯 연속 으르렁거리는 소리를 내며 상대를 위협한다. 으르렁거린 후에 세차게 짖으면 위협하고 있는 것이다

– 끄응~ 끄응~

슬프거나 쓸쓸하고 불안한 기분을 호소하는 울음소리. 어린 강아지가 젖을 떼는 시기가 되어 어미개가 떨어졌을 때나 혼자 남께 되었을 때 이 소리를 낸다.

– 멍~ 멍~

어떤 대상을 경계하거나 놀라거나 흥분했을 때는 세차게 짖는다. 기쁘거나 무엇인가 치근거릴 때는 부드럽고 짧게 [멍! 멍!]을 반복한다.

– 깽~ 깨깽~

통증이나 두려움을 나타내는 비명이다. 이 울음소리를 내는 것은 밟

혔거나 다른 개에게 물렸을 때 등 육체적인 고통이 가해졌을 경우, 갑자기 엄습한 공포심에 놀라 재빠르게 도망칠 경우 이런 소리를 낸다.

– 월~ 우월~

야생 동물의 흔적을 보여 주는 것으로 먼 곳을 향해 짖는 소리이다. 원래는 멀리 있는 개를 부르는 소리로 밤중에 길게 소리를 끌면서 짖는 것이 특징이다.

– 킁~ 킁~

무엇인가를 호소할 때의 콧소리다.

52. 가족과 주거 환경에 맞는 애견 고르기

1) 활동적인 사람, 좁은 집과 정원, 밀집된 거주 지역, 애완견과 같이 산책할 곳이나 애완견이 자유롭게 뛰어놀 곳이 없어 차를 타고 이동해야 할 경우

- 대부분 집을 지키는 용도로 함께 생활할 수 있는 소형견을 선호한다.

ㄱ. 털 관리를 좋아하는 경우 : 미니어처 푸들, 토이푸들, 캐벌리어, 킹찰스 스패니얼, 포메라니안, 요크셔테리어, 말티즈, 아펜핀셔, 웨스트 하이랜드 화이트 테리어, 아메리칸 코커 스패니얼, 댄디 딘몬트 테리어, 보더 테리어, 베들링턴 테리어 등

ㄴ. 털 관리가 쉬운 애견을 선호할 경우 : 보스턴 테리어, 쇼트 헤어드 닥스훈트, 치와와, 랭카셔 힐러, 휘핏, 잭 러셀 테리어 등

2) 젊고 활동적인 부부, 큰 집이나 도시와 떨어진 시골 지역, 개 줄을 묶지 않고 자유롭게 뛰어놀 수 있도록 풀어 줄 기회가 많은 경우

- 대부분 집을 지키는 용도로 중대형 강아지를 선호한다.

ㄱ. 털이 많고 침을 흘리는 것을 싫어하지 않는 경우 : 보르조이, 세인트

버나드, 러프 콜리, 저먼 세퍼드 도그, 뉴펀들랜드, 브리아르, 아프간 하운드, 스코티시 디어하운드 등

ㄴ. 털 관리하기 쉬운 종류를 선호하는 경우 : 로디지안 리지백, 그레이트 데인, 쇼트 헤어드 저먼 세퍼드 도그, 포인터, 아이리시 울프하운드, 포인터, 세터, 도베르만, 불마스티프, 잉글리시 스프링어 스패니얼, 블러드하운드, 롯트와일러, 러처 등

3) 중년 부부로서 시골에 있는 보통 크기의 집과 넓은 정원이 있으며 걷는 것을 좋아하고 여행 다니는 것을 좋아하는 경우

– 사람을 잘 따르고 쾌활하고 활동적인 개를 좋아하여 중간, 조금 더 큰 개를 선호한다.

ㄱ. 쉽게 관리할 수 있는 종류를 원하는 경우 : 도베르만, 쇼트 헤어드 저먼 세퍼트 도그, 헝가리안 비즐라, 파라오 하운드, 로디지안 리지백, 스무드 콜리, 래브라도 리트리버, 와이 마리너, 로트와일러, 달마시안, 바센지, 복서, 그레이 하운드, 포인터 등

ㄴ. 적당히 관리할 수 있는 정도의 종류를 원하는 경우 : 러프 콜리, 보더 콜리, 시베리안 허스키, 세터, 골든 리트리버, 메어데일 테리어, 스탠다드 푸들, 잉글리시 코커스패니얼, 스프링어 스패니얼 등

4) 어린 아이가 있는 가족 구성원, 넓은 집, 정원이 있는 곳, 주거지가 밀집한 지역의 경우

– 사람을 잘 따르고 가족들과 잘 어울릴 수 있고 위급상황 시 사람에게 알려줄 수 있는 개를 선호한다.

ㄱ. 쉽게 관리할 수 있는 견종을 원하는 경우 : 래브라도 리트리버, 복서, 스무드 콜리, 그레이하운드, 달마시안, 스키퍼키, 보스턴 테리

어, 비글, 휘핏 등

ㄴ. 적당히 관리할 수 있는 정도의 견종을 원하는 경우 : 비어디드 콜리, 셰틀랜드 쉽 도그, 티베탄 스패니얼, 버니즈 마운틴 도그, 골든 리트리버, 스웨디시 발훈트, 러프 콜리, 뉴 펀들랜드, 캐벌리어 킹 찰스 스패니얼 등

5) 노년 부부, 좁은 집, 좁은 정원, 활동의 제약이 있을 경우

– 사람을 잘 따르며 위급한 상황 발생 시 도움을 줄 수 있는 견종을 선호한다.

ㄱ. 털 관리 쉽게 할 수 있는 종류를 원하는 경우 : 스키퍼키, 코기, 퍼그, 그레이하운드, 치와와, 차이니즈 크레스티트, 이탈리안 그레이하운드, 댄디 딘몬트 테리어 등

ㄴ. 털 관리를 해주어야 하고 비용이 많이 들어도 상관없을 경우 : 시츄, 비숑 프리제, 캐벌리어 킹 찰스 스패니얼, 말티스, 롱 헤어드 닥스훈트, 페키니즈 , 파피용, 라사 압소, 미니어처 푸들, 토이 푸들 등

가족의 구성원, 성격, 장소 등 여러 가지 판단 조건이 있을 수 있다. 위 상황은 무조건적인 조건이 아니라 보편적인 의견들이다. 어떤 견종을 선택하든 애완견과 사이좋게 지내는 것이 가장 중요하다.

53. 맞춤형 애완동물 입양 컨설팅

1) 기존 애견 구입 시 문제점

- 데려올 때 건강과 습성을 이해하지 못하여 결국 다른 곳으로 보낸다.
- 식구 사이의 공통된 의견 수렴이 없어 불화의 원인이 되기도 한다.
- 터무니없는 가격으로 바가지를 쓰는 경우가 많다.
- 순종이 아닌 애견을 데려오는 경우가 많다.
- 피부병이나 전염성 장염에 걸린 애견을 데려와 구입비용보다 훨씬 많은 치료비를 부담해야 한다.
- 잘못 구입한 애견으로 어린 자녀나 마음 여린 어른에게 심한 마음의 상처가 된다.
- 농장이나 좁은 공간에서 길러진 애견의 경우 영양 상태가 부실하고 전염병에 걸려서 오는 경우가 많다.
- 어린아이나 노부모가 애견 때문에 오히려 스트레스를 받는 사례도 더러 있다. 식구 간의 의사 소통 없이 구성원 중 일부 의견으로 입양한 결과다.

2) 구입 후의 문제점

- 앙증맞고 예쁜 어린 애견에게 깊은 관심을 기울이지만, 5- 6개월이 지나면 신경 쓸 일이 거의 없어진다. 결국 관리 불량으로 피부병, 전염병, 비만 등 건강의 이상을 초래한다.
- 데려온 첫 해에는 기본적인 예방접종을 대체로 잘 하지만 그 다음 해부터는 소홀해진다.
- 생후 5년이 넘으면 사람의 성인병처럼 성견병에 걸린다. 이에 대한 예방법을 모르거나 중요성을 인식하지 못한다.
- 애견의 기본적인 습성을 이해하지 못하여 식구가 아닌 원수지간으로 지내는 경우도 더러 있다.
- 심하게 짖으면 이웃들에 소음 공해를 일으키게 되어 삶의 질을 떨어뜨린다.
- 작은 병을 무시하면 큰 병으로 이어져 치료비용을 감당하지 못한다. 결국 애견을 유기하거나 방치하여 제 수명을 살지 못하고 젊은 나이에 죽게 된다.

3) 해결 방법

- 애견 구입 시 가정방문을 통해 집 안의 환경과 분위기를 파악한 뒤 적당한 품종을 선택해야 한다. 물론 암캐와 수캐의 선택도 중요하다.
- 예방접종의 중요성은 두말할 필요가 없다. 한 가지 더 첨언하자. 접종을 계기로 진행성 질환이나 피부병 등을 체크하여 치료받도록 한다.
- 어릴 적 습관이 평생을 간다. 올바른 습관들이기에 신경을 써야 한다.
- 대인관계와 애견들과의 관계를 어릴 적부터 교육시킨다. 애견의 평균 수명이 15년에서 20년 사이로 늘어났다. 오래 사는 것 이상으로

아프지 않고 건강하게 살도록 도와주는 노력이 필요하다.

- 월 1회 이상의 동물의사 가정방문을 통해 문제점 파악과 환경 변화를 시도한다.
- 식구들은 애견 품종에 따른 차이를 이해할 수 있어야 한다. 그 차이에 어울리는 교육법, 산책, 음식 선택 등이 중요하다.
- 애견 기르기에 필요 이상의 과도한 지출을 줄이기 위해서라도 동물의사와의 지속적인 접촉은 필수다.

4) 컨설팅 과정

가. 가정 방문 : 전문가로 구성된 2인 1조의 방문 팀 구성

나. 애견 선택 : 품종, 성별, 가격대

다. 애견 건강검진 : 전염병, 기생충, 피부병, 심장질환 등

라. 애견 길들이기 : 사료 주기, 대소변 가리기, 잠자리 봐주기 등

마. 1주 간격의 가정 방문 : 집 안 환경 분석과 적응도 체크

바. 예방접종 : 2주 간격

사. 산책 지도 : 예방접종이 끝난 이후에 시작, 일주에 3회 이상 실시

5) 컨설팅 비용

- 최소 30만 원에서 200만 원까지 맞춤형으로 진행
- 각 컨설팅 과정의 가감에 따른 차등적 적용
- 비용의 분납 가능

6) 가장 선호하는 품종

- 쉬쭈, 마르티스, 요크셔테리어, 푸들, 슈나우져, 코카스파니엘, 미니핀, 포메라니안 등

54. 공동주택 애완동물 사육 제한에 대한 대처 요령

1) 아파트 등의 공동주택에서 반려동물을 키우지 못하도록 강제하는 것에 대한 대처 방법을 소개합니다. 아파트관리사무소로부터 부당한 [애견 양육 금지] 통보를 받은 애견인들은 참고하여 대응하기 바랍니다.

주택법 시행령 제57조 [관리규약의 준칙] 3호에 '가축을 사육하거나 방송시설 등을 사용함으로써 공동주거생활에 피해를 미치는 행위'는 관리주체의 동의를 얻어야 한다고 되어 있습니다. 이 조항이 모호하게 해석되어 가축을 사육하는 행위 자체가 곧 피해를 미치는 행위로 오해되는 사례가 발생하고 있습니다.

이에 관련하여 발표한 건설교통부의 해명 자료에 따르면, 주택법시행령 제57조 제3항의 규정에 [가축을 사육하거나 방송시설 등을 사용함으로써 공동주거생활에 피해를 미치는 행위는 관리주체의 동의]를 얻도록 하고 있습니다. 동의 기준은 애완견 등 가축을 기르는 세대 전체가 대상이 되는 것이 아니라 실질적으로 피해(배설물을 공용장소에 방치하는 경우 등)를 미치는 경우를 말하는 것입니다. 이웃 세대에 피해를 미치지 않는 애완견 등 가축을 기르는 행위 자체는 동의가 필요 없는 것입니다.

다시 말해 애완동물을 양육함으로써 이웃에 피해를 미치는 구체적인 사실의 입증이 없는 한 이웃의 동의를 얻을 필요가 없습니다. 특히 동 법률과 전혀 상관없이 아파트에서 개 등을 키우는 것은 금지되었다는 일부 관리사무소들의 주장은 법적인 근거가 전혀 없습니다.

관리 규약의 해석에 관하여 준칙 안을 시, 도지사에 시달했던 건설교통부의 해명서(건교부 애견 문답 자료)를 동물보호단체 인터넷 사이트에서 인쇄하여 관리사무소에 제출하며 대응하기 바랍니다.

위 애견 문답 자료는 건설교통부에서 직접 회신한 문서로 공문서입니다. 공문서란 문서 내용을 정부가 보증하는 것으로 사문서보다 강력한 법적 지위를 갖습니다. 관리사무소에서 이를 인정하지 않을 경우 건설교통부 주거환경과에 확인시켜주기 바랍니다.

2) 부당한 벌과금 부과는 이렇게 대처하세요.

벌과금을 가축 사육 세대에 일괄적으로 부과하는 것은 불법입니다. 공용 부분에 배설물을 방치하거나 통행에 방해를 주는 등의 실질적인 피해가 발생한 경우에 한해서만 제재를 가할 수 있습니다. 피해 발생 때에도 곧바로 벌과금을 부과할 수 없습니다. 1차 시정, 2차 경고의 과정을 거친 후에 벌과금을 부과할 수 있습니다. 특히 공용 부분이 아닌 사유 공간인 가정 내에서의 소음과 냄새 등에 대해서 부당하게 제재를 가할 수는 없습니다. 이에 대해 관리주체 혹은 부녀회에서 방문하여 항의해 올 경우에는 가택 침입 및 사생활 침해로 대처할 수 있습니다. 벌과금을 부과하더라도 관리비에 포함시켜서는 안 되고 부녀회는 벌과금을 부여할 권한이 없습니다. 이상의 사항을 어길 때는 건교부 주거환경과, 동물보호단체에 상의하십시오.

3) 관리 규약을 이유로 계속 강제할 경우 다음과 같은 방법으로 대항할 수 있습니다.

① 관리 규약이 적법한 절차에 의해 제정되었는가?

관리규약 개정과 제정 때 규약 제정의 요건은 [건교부 애견 관련 문답 자료]의 제6항을 참고하기 바랍니다. 또한 애완동물사육 가정이 참여한 입주민 협의체에서 이웃 간 상호 협의를 통해 자치규약으로 확정한 것이 아닌 한 따를 의무가 없습니다.

② 민사소송을 통해 관리 규약이 우리나라 헌법의 재산권, 사생활의 자유, 행복추구권 등을 침해하는 내용으로 민법 제103조 위반임을 주장할 수는 있습니다. 그러나 이에 대한 판결은 판사에 의한 것이므로 신중한 접근이 필요합니다. 일차적으로는 해당 당사자 되는 애견인들은 관리사무소에 건설교통부의 해명서를 제출하는 한편, 건설교통부 주거환경과(전화 : 02- 504-9136, 02- 2110- 8164~6 FAX : 02- 503- 7313)에 전화하여 관리사무소에 시정 통고를 해줄 것을 요청하십시오. 그리고 건교부 홈페이지에 항의 민원 보내십시오. 그래도 상황이 호전되지 않을 경우 동물보호단체에 상의하기 바랍니다.

그러나 애견인들이 가장 먼저 지켜야 할 기준도 있습니다. 반려동물을 양육하는 입주자 스스로 배변 등을 방치하지 않도록 주의하고, 짖음이 심한 개 혹은 발정기에 있는 고양이 등의 소음이 이웃으로부터 문제가 제기되지 않도록 바른 반려동물 문화가 정착되는 데 힘써 야 합니다. 짖음이 심한 개는 훈련 혹은 짖음 방지 목걸이 착용 등으로 짖음을 자제시킬 수 있도록 해야 합니다. 이 과정에서 동물에게 유해하거나 스트레스를 주지 않는 방법을 우선적으로 시도해야 합니다. 요즘 아파트 단지를 위주로 법적 테두리를 넘어 애완동물에 대한 규제가 심해지고 있습니다. 의무를 지키면 권리도 보장받습니다. 무작위적인 아파트 관리인이나 부녀회의 처사엔 현명하게 대처하십시오.

55. 애완견 번식에 관한 상식

– 요즘 애완견을 키우는 가정 한번쯤 생각하는 것이 새끼를 낳을지 여부다. 새끼를 키울 만한 여건이 안 되는 상황에서 무작정 교미를 시키는 것은 무책임한 일이다. 번식을 위해서 가장 먼저 개의 생리에 관하여 어느 정도 알아 두는 것이 중요하다.

– 개는 생후 8~10개월 사이에 첫 발정을 하게 되는데 이것은 개체의 차이에 따라(성숙도, 영양, 크기, 종류 등) 다르다. 발정은 1년에 2회(평균 6개월) 나타나지만 더 빠르거나 늦게 나타날 수도 있다.

– 발정이 오면 목욕을 삼가는 것이 좋다. 이때는 호르몬의 영향으로 식욕이 떨어지고 예민해진다. 본능적으로 교배를 하기 위해 집 밖으로 나가는 경우가 있으니 조심해야 한다.

– 자견과 모견의 건강을 위해 교배 전 기생충 구제와 예방 주사를 실

시하는 게 중요하다.

– 발정은 약 3주일 이상 계속된다. 보통 출혈이 나타나는데 무혈 생리를 하는 경우도 있다.

– 교배 시기는 출혈이 나타난 후 10~15일 사이이다. 더욱 정확한 교배 시기를 알기 위해서는 동물병원에서 질 세포 도말 검사나 질 내시경 검사로 알 수 있다. 눈으로 검사하여 알 수 있는 방법은 외음부가 약간 말랑말랑해지면서, 외음부 주위를 손가락으로 두드리면 꼬리를 들어 교미를 허락한다.

– 교배 후에는 식욕이 없거나 예민해지고 입덧을 하는 경우도 있다. 따라서 임신 초기(교배 후 30일 전)에는 예전에 먹이던 먹이를 먹여야 하고, 그 이후에는 영양가가 높은 자견용 사료로 바꾸어야 한다. 이 방식은 영양제 급여와 함께 새끼 이유 때까지 계속돼야 한다, 젖 땐 후에는 다시 성견용 사료로 바꾸어야 한다.

– 분만의 시기가 다가오면 외음부가 생리 때와 같이 부어오르고 이슬이 비치기 시작한다. 맑은 이슬은 정상상태를 나타내는 것이고 불안해하면서 식욕 저하도 나타난다. 경우에 따라서 식욕에는 상관없이 진통과 분만을 하는 경우도 있다. 바닥을 긁고 구석으로 들어가며, 몸을 떨기도 한다.

– 호르몬의 영향으로 체온의 저하(36.5~37℃)가 나타난다.

– 진통 후 첫 번째 아기가 탄생할 때 30분에서 1시간 간격으로 분만이 이어진다. 만약 1시간 이상이 되었는데도 다음 태아가 나오지 않거나 태아가 골반에 걸려 나오지 못하는 경우는 병원에 가야 한다.

– 분비물이 녹색이나 검은 색 등으로 나타나면 유산의 징후이다. 병원에 가는 것이 바람직하다.

56. 애완동물이 먹지 말아야 할 음식

– 사람이나 다른 동물들이 먹어서 이상이 없는 음식이라도 개의 경우에는 그 신진대사가 다르기 때문에 해로울 수도 있다. 그 증상은 일시적인 소화불량과 같이 크게 걱정하지 않아도 되는 경우도 있으나 때로는 심각한 질병을 초래하기도 하고 심지어 사망으로 이어지는 경우도 있다. 개에게 주면 안 되는 것으로는 뒤에서 언급한 것 이외에도 여러 가지가 있을 수 있다.

– 알코올이 들어간 음료는 알코올 중독, 혼수상태, 심지어 사망을 초래할 수 있다. 개나 고양이에게 주류를 먹이는 것은 재미있지도 귀엽지도 않다. 굉장히 위험한 시도 일 뿐 아니라 알코올은 체내의 매우 중요한 비타민과 미네랄을 고갈시키며 간 손상을 초래한다.

– 아기 이유식에는 개에게 해로운 양파가루가 포함되어 있을 수 있다. 장기간 급식할 경우 영양결핍을 초래할 수 있다.

– 생선 가시나 가금류와 고기류의 뼈다귀는 소화기관을 차단하거나 찢어놓을 수 있다.

– 고양이용 음식엔 보통 매우 높은 단백질과 지방이 함유돼 있다.

– 초콜릿, 커피, 차, 그 밖의 카페인 성분으로는 카페인, 테오브로민(카카오의 알칼로이드 성분), 테오필린(차의 알칼로이드 성분)이 있는데 개에게 유독한 성분으로 심장이나 신경계에 영향을 줄 수 있다.

– 감귤류의 오일 추출액 (Citrus Oil Extract)의 유독 성분은 Limonene and Linalool으로 살충제 스프레이 또는 방충제, 약욕 물(dip)이나 샴푸, 식품 첨가제 또는 향수 등에 사용되는 성분이다. 간 기능 장애 초래하고 고양이의 경우 더 민감한 반응을 보인다. 증상은 침 흘리기, 우울증, 허약 증세, 체온 저하 증세, 몸 떨기, 사지 기능 장애, 떨어지기, 저혈압 증세, 피부염 증세 등이고 사망에 이르기도 한다. 피부가 유독 성분에 노출되었을 때는 따뜻한 물과 주방세제로 유독 성분을 말끔히 세척하여 따뜻한 물로 완전히 헹구어 주고 털을 잘 말려서 떨지 않게 한다.

– 기름 덩어리는 급성 췌장염을 초래할 수 있다

– 포도 또는 건포도엔 유독 성분이 마이코톡신(mycotoxin : 곰팡이균류에 의한 독성 물질) 인지, 살충제에 의한 것인지, 중금속에 의한 것인

지, 미확인된 유독 성분으로 인한 것인지 밝혀지지 않았으나 포도나 건포도는 개의 신장을 손상시킨다. 극히 소량을 어쩌다가 주는 것은 무방하다.

– 철분을 함유한 사람용 비타민 영양보조제는 소화기관이나 작은창자의 내벽을 손상하여 출혈 또는 구멍이 날 수 있다. 과다한 철분은 세포의 기능을 방해하고 세포 손상을 초래한다. 섭취 후 6~12시간 동안은 아무 증상이 나타나지 않을 수도 있다. 혈흔이 섞인 구토나 설사를 한다. 어두운 색의 소변을 보면서 간이나 신장 기능장애를 초래한다.

– 다량의 간(liver)은 비타민 A의 과다 섭취로 근육과 뼈에 영향을 미친다.

– 마카데미아 넛츠(macademia nuts : 절대 금지)는 소화기관, 신경조직과 근육에 영향을 미치는 알려지지 않은 독성이 포함돼 있다. 혼수상태, 구토, 사지 기능장애, 마비 증세, 복통, 몸 떨림 증세, 관절의 유연성 감소 등의 증상을 보인다.

– 마리화나(대마초)는 신경조직을 억압하여 구토, 심장 박동 이상을 초래한다.

– 우유와 유제품은 우유의 락토오스(lactose; 젖당) 성분을 분해하는 젖당 분해 효소를 충분히 가지고 있지 않으므로 우유나 유제품을 급식 시 설사를 초래할 수 있다. 개나 고양이를 위해 락토오스를 제거한 우유나 유제품의 경우에는 무방하다.

– 곰팡이가 났거나 상한 음식 또는 쓰레기는 구토, 설사를 초래한다. 내장기관에 영향을 미칠 수 있는 다수의 복합적인 유독 물질을 포함할 수 있다.

– 버섯(절대 금지)은 가급적 먹이지 않는 것이 좋다.

– 양파와 마늘(날것, 익힌 것, 분말 형태)의 유독 성분엔 Smethylcysteine sulfoxide, n- propyl disulfide, methyl disulfide, allyl disulfide가 있어 적혈구 감소로 빈혈을 초래할 수 있다. 고양이의 경우 개보다 더 영향을 받는다.

– 마늘의 경우 양파보다 독성이 적다. 위험 기준은 밝혀지지 않았으므로 개나 고양이 음식에 섞어 주지 말아야 한다. 구토, 설사, 빈혈, 소변의 변색, 허약 증세, 간 기능 장애, 알레지 반응, 천식 등의 증세를 일으킨다.

– 부추와 미나리 같은 경우 양파와 같은 작용을 한다.

– 감의 씨앗은 창자의 통로를 막을 수 있고 장염을 초래할 수 있다.

– 복숭아 또는 자두 씨는 소화기 통로를 막을 수 있다.

– 감자 잎, 장군풀(rhubarb), 토마토 잎은 감자 줄기, 토마토 줄기 : 옥살산염(oxalates)을 포함하고 있어 소화기관, 신경조직, 배뇨기관에 영향을 줄 수 있다. 가축의 경우 더 큰 문제가 발생할 수 있다.

– 날계란은 비타민 B의 하나인 바이오틴(biotin)의 흡수를 방해하는 아비딘(avidin) 효소를 포함한다. 피부나 모질에 문제를 초래할 수 있다. 날계란에는 장티푸스나 식중독의 병원균인 살모넬라균이 있을 수 있다.

– 날생선(절대 금지)을 주기적으로 급식하면 비타민 B의 하나인 티아민(thiamine) 결핍을 초래하여 식욕 부진, 발작, 심한 경우 사망에까지 이른다.

– 소금을 많이 섭취할 경우 전해질 불균형을 초래할 수 있다. 개에겐 땀샘이 발의 뒷면에만 있어서 격렬한 운동을 해도 염분 배출이 안 된다.

– 끈(string)은 소화기관 내에 남아 있어 문제가 될 수 있다.

– 설탕(절대 금지)은 치아 손상과 비만의 원인이 된다.

– 다량의 테이블 스크랩(table scrap : 식사 시 사람이 먹다 남은 음

식)은 영양학적으로 균형이 잡혀 있지 않다.

– 담배(절대 금지)는 소화기관과 신경조직에 영향을 미치는 니코틴 성분 때문에 절대 금물이다. 급박한 심장 박동을 초래하거나 졸도 의식 불명 또는 사망을 초래할 수 있다.

– 이스트가 들어간 밀가루 음식은 소화기관 내에 가스가 차서 팽창할 수 있고 가스는 고통을 수반하며 심한 경우 소화기나 장이 파열될 가능성이 있다.

– 오징어 문어 마른오징어 쥐포(절대금지) 등 포의 종류는 위에 큰 부담을 주기 때문에 개들에게 주지 말아야 한다. 강아지의 경우 구토를 잘 하게끔 해부학적인 구조로 되어 있는데 만약 이런 것을 먹고 토하면 위의 궤양이나 위염의 증상으로 발전할 수 있다. 오징어 다리는 개들에게 치명적이다. 오징어 다리에 붙어 있는 판막이 개의 장에 붙어 숨을 멈추게 하거나 장의 통로를 막히게 하기 때문에 절대 먹여서는 안 된다. 마른오징어는 불어서 장과 위를 막을 수 있다.

– 코코아와 초콜릿(절대 급여 금지)에 함유되어 있는 theobromine은 동물들에겐 독약과 같다. 이것은 뇌로의 혈류량을 감소시키고 심장마비와 그 밖의 다른 생명에 위협을 주는 등 문제점을 일으킬 수 있다. 초콜릿이 진할수록 더 많은 theobromine을 함유하고 있으며 더욱 위험하다는 점이다. 초코케이크나 초코우유 등도 당연히 안 된다.

초콜릿 중독의 증상에는 과다한 침, 과다한 소변, 동공 확장, 빠른 심박, 구토와 설사, 근육

경련과 발작 혼수상태, 지나친 활동성으로 해롱거리는 등 음주 중독과 비슷한 증세가 나타난다.

– 참치가 일으키는 심각한 문제는 쉽게 간과되곤 한다. 참치는 불포화 지방산의 함량이 아주 높은 식품으로 이 불포화 지방산은 고양이의

체내에서 대사가 이루어지기에 상당히 어려움이 많은 성분이다. 참치는 체내의 비타민 E를 파괴하며 비타민 E가 결핍되면 steatitis라는 질병에 걸릴 수 있다. 참치는 맛과 향이 강하여 참치에 입맛이 굳은 고양이는 참치 외의 그 어떤 것도 거부하는 아주 까다로운 고양이가 되기 쉽다. 사람이 먹는 참치 캔(pure canned tuna)은 고양이에게 치명적일 수 있다.

steatitis("Yellow Fat" disease)는 비타민 E의 결핍과 불포화 지방산의 과잉으로 발생한다. 고양이는 불포화 지방산을 잘 대사시키지 못한다. 주로 불포화 지방산의 함량이 높은 생선을 위주로 공급했을 때 발생한다. 증상으로는 고양이가 무거워 보이고 활기와 민첩성이 감소되며 피부를 건드렸을 때 통증이 있고 발열이 있다.

– 닭 뼈란 잘 부러질 뿐만 아니라 부러져도 날카롭게 부러진다. 닭 뼈를 삼키다 소화기(식도, 위, 장)에 상처가 나거나 심한 경우엔 천공(구멍이 뚫림)이 생기기 때문에 절대 주지 않아야 한다.

– 족발 뼈는 닭 뼈와 다르게 잘 부러지지 않는다. 하지만 개들 대부분이 뼈를 먹다가 어느 정도 크기가 되면 삼켜버리는 경우가 많다. 이런 때는 위벽의 심한 손상과 장의 폐색(장관이 이물질에 의해 막혀버리는 현상)이 나타날 수 있다. 역시 급여하지 않는 게 좋다.

– 감귤에서 추출한 에프킬러는 애완견을 위해 사용하지 않는다. 사료 쪽에도 들어가지 않도록 각별히 주의해야 한다.

57. 처음 온 강아지 길들이기

처음 개를 집으로 데려 왔을 때 제일 먼저 서열 정하기를 해야 한다.

대부분의 개들은 그 집의 가장을 보스로 인정하고 그 다음에 주부나 아이들의 순서로 나름대로 서열을 정한다. 자기 자신을 가장 아래 서열로 생각하지만, 간혹 그렇지 않는 개들도 있다.

집안의 가장인 아버지가 개를 너무 좋아 하고 예뻐하거나, 성격상 보스 기질이 있는 개들은 자기를 2인자로 생각해 주부나 아이들의 말을 잘 듣지 않을 수도 있다. 특히 여러 마리의 개를 키우는 집에서는 개들 중에 제일 나이 많은 개를 보스로 생각할 수 있으니 처음에 확실히 서열을 정해 주어야 한다.

개에게는 [내가 아무리 잘 해도 사람 밑에 개구나]라는 사실을 확인시켜 줘야 한다.

길들이기 과정에서 개가 자기 집으로 도망을 쳤을 경우 그냥 놔두는 게 좋다.

개들도 영토(territory) 본능이 강하다. 자기가 생각하는 안전 가옥으로 대피했음에도 불구하고 끄집어내서 야단을 치면 자기 영역이 없어졌다고 생각한다. 성격이 의기소침해지고 불안에 떨게 된다. 따라서 개가 자기 집으로 들어가면 그 상태에서는 혼내는 것을 그만 두는 것이 길들이기의 현명한 방법이다.

길들이기를 하다 보면 체벌이 따르게 마련이다.

개를 꾸짖을 때는 강한 억양으로 [안 돼!]라고 외친다. 손바닥으로 박수를 쳐서 주위를 환기시키거나 신문지를 말아서 가볍게 때리는 것이 좋다. 절대 개를 험하게 때려서는 안 된다. 물론 화도 나겠지만 말 못 하는 동물을 길들이는 것은 애당초 쉬운 일이 아니기 때문에 어느 정도의 인내는 감수해야 한다.

어린아이 3-4세 정도의 지능지수밖에 되지 않는 개를 길들이는 일이 생각처럼 쉽지 않을지도 모른다. 하지만 일단 반복 훈련을 하다 보면 인내하며 가르친 보람을 느낄 만큼 개들은 곧 따라오게 된다.

길들이기 과정에서 상과 벌을 줄 때는 그때그때 해야 한다.

잘 해도 그 당시에 칭찬을 해 주고 못 해도 그 상황에서 꾸짖어야 한다. 지난 후에 상과 벌을 주면 개는 그 이유를 잘 모른다. 밖에서 방금 들어온 주인을 보고 꼬리를 흔들며 반겨주는 개에게 주인이 뜯겨진 구두를 보고 화가 나서 꾸짖었다면 개는 주인이 자기를 싫어한다고 생각할 수 있다. 항상 현행범을 붙잡는다는 생각으로 상벌을 주되, 칭찬은 야단치는 것에 3배 이상은 해야만 길들이기의 효과를 높일 수 있다.

물어뜯는 버릇 고치기

개가 혼자 남겨지면 좌절감이나 무료함을 달래려고 때때로 물건을 물어뜯기도 한다. 특히 강아지의 경우 더욱 그렇다.

개를 어떤 파괴 활동도 할 수 없는 조그마한 공간에 가두어 둔다. 크레이트나 케이지를 예로 들 수 있다. 이런 곳에 넣어 두면 개는 안정감을 느끼며 진정된다.

갖고 놀 장난감을 넣어 주거나 배경음으로 라디오나 텔레비전을 틀어주면 더욱 효과가 있다. 개를 가두어 두는 시간은 짧은 시간으로 제한하고, 주인은 개별적으로 관심을 기울여야 한다.

애완견을 안정되게 기르는 요령

개를 안정되게 기르고 싶다면 다음의 세 가지를 해 줘야 한다.

첫째, 운동.

둘째, 훈련.

셋째, 애정.

반드시 이 순서를 따라야 한다. 개를 개답게 살도록 돌보는 것은 우리 애견인들이 할 일이다. 애완견 인구가 늘면서 국내서도 이상행동 등을 이유로 키우다 버리는 유기견 문제가 사회적 관심사가 되고 있다.

개의 문제 행동은 개에 대한 잘못된 고정관념으로 개를 제대로 다루지 못한 사람들 때문에 비롯된다. 개의 본성을 이해하고 개의 눈과 언어로 소통해야 한다. 산책 때 개를 앞장세우거나 하루 종일 방에 가둬 두는 것은 개의 행복은 물론 함께 사는 사람들의 생활까지 깨뜨릴 수 있기 때문이다.

58. 총명한 강아지로 키우는 방법

- 항상 말을 거세요.

강아지가 해도 되는 것과 안 되는 것을 명확히 구분해야 합니다. 실외견보다 실내견(애완견)이 더 똑똑하고 영리한 이유는 사람과 생활을 하기 때문입니다.

사람과 생활하며 사람이 하는 말을 반복적으로 듣다 보면 강아지는 그 말을 이해합니다. 따라서 강아지 훈련에 가장 중요한 것은 반복 훈련입니다.

가령 밥 먹을 때도 그냥 사료를 주지 말고 [밥 먹을까?] [맘마 먹을까?] [배고프지? 맘마 줄까?] 등 말을 해보세요. 매일 듣게 되면 강아지들은 [밥 먹을까?]라는 말에 입맛을 다시고 꼬리를 치면서 좋아합니다. [밥]이나 [맘마]라는 단어를 알아듣기 때문입니다.

강아지가 해서는 안 되는 행동을 할 때 [안 돼!]라고 단호하게 말해 보세요. 시간이 지나면 강아지는 금지된 행위를 제대로 인식하게 됩니다.

- 머리가 좋아지는 놀이를 해 보세요.

어릴 때부터 머리가 좋은 인간(영재)이 많지 않듯이, 새끼 때부터 대소변 가리고 사람 말을 잘 듣는 강아지는 거의 없습니다. 지속적인 놀이와 머리 쓰는 훈련을 통해서 머리가 좋아집니다. 사람의 경우도 계속 머리를 쓰면 두뇌가 좋아지는 것처럼 강아지의 경우도 마찬가지랍니다.

– 무관심은 똑똑한 강아지를 미련한 강아지로 만듭니다.

강아지에게 가장 중요한 것은 사랑과 관심입니다. 말썽을 심하게 부리고 먹이에 대한 집착이 강한 강아지일수록 훈련의 성과가 높을 수 있습니다. 항상 관심을 가지고 대화를 나누고 훈련을 한다면 훌륭한 견공이 될 것입니다.

먹이에 대한 집착이 심하고 공격성이 강한 강아지라면, 그걸 다른 쪽으로 해소하도록 훈련을 시작하세요. 훈련을 시키다 보면 집중력 때문에 성과를 눈으로 볼 수 있습니다.

– 칭찬은 가능한 한 과장하고 야단은 최대한 단호하게.

잘못을 저질러도 그냥 지나치면 강아지는 또 그 행동을 한답니다. 잘못하는 그 순간에 혼을 내야지 시간이 지난 후에 혼을 낸다면 강아지는 영문을 모릅니다.

가령 외출에서 돌아왔는데 강아지가 신발을 물어뜯어놨습니다. 강아지는 엄마가 왔다고 꼬리치면서 좋아하는데, 화를 낸다면 [내가 엄마한테 꼬리치니까 화를 내는구나. 왜 화내지?] 라고 의심한답니다. 그래서 [다음부터는 꼬리 치지 말아야겠다]라고 생각합니다.

가장 좋은 방법은 강아지가 못 물어뜯게 신발을 치워 두는 것이죠. 하지만 어쩔 수 없는 경우 강아지가 꼬리 치며 좋아하면 귀여워해 주고 반갑다고 인사부터 나누세요.

시간이 좀 지난 후에 신발을 강아지 앞에 놓고 보여주며 혼을 내야 합니다. 계속적으로 혼이 나면 강아지는 엄마가 왜 화가 났는지 알게 됩니다. 눈치를 살핀답니다. 하지만 절대 이유 없이 혼내지 마세요. 강아지들은 주눅이 들기도 한답니다.

강아지가 말을 잘 들었거나 예쁜 짓을 했을 때는 최대한 과장적으로 목소리의 톤을 높여서 칭찬해 보세요. 오버된 행동과 말투는 강아지 머리에 각인됩니다. 그래서 말을 잘 들으려고 할 것입니다.

– 훈련이 필요 없는 강아지의 경우 훈련은 스트레스가 될 수도 있습니다.

너무 얌전하고 사람 말을 잘 듣는 강아지의 경우, 훈련은 스트레스가 될 수도 있습니다. 먹이를 좋아하지 않고 공놀이를 좋아하지도 않는다면, 그 어떤 걸로도 보상해 줄 수가 없습니다. 보상이 없는 훈련은 강아지에게 그저 스트레스일 뿐입니다.

훈련시키다가 강아지가 못 따라올 경우 강아지에게 화를 내면 안 됩니다. 화내는 모습을 보면 강아지는 무척 당황합니다. 이유도 모른 채 야단을 맞아야 하니까요.

59. 주인이 외출할 때의 요령

1) 주인이 나갈 때 개가 모르게 조용히 나간다.
2) TV, 라디오 등을 켜 놓아서 사람이 있는 것처럼 하고 커튼이나 창문은 닫아서 바깥 소리가 안 들리게 한다. 벨 소리나 전화기 소리는 울리지 않도록 하는 게 좋다.
3) 개가 좋아하는 장난감을 여러 번 손으로 문질러서 주인의 몸 냄새가 배도록 한 뒤 주거나 먹을 수 있는 뼈다귀를 준다.
4) 식사량을 늘려서 배가 부르게 만든다. 하지만 어린 강아지는 조심하자. 포만감에 빠지면 정신적 활성도가 떨어지기 때문이다.
5) 운동을 충분히 시킨다. 힘이 빠진 개는 덜 짖는다.

– 어린 강아지를 기를 때

어린 강아지는 너무 오랫동안 혼자 있게 되면 커서도 심리적으로 불안한 개가 될 수 있다. 사회화가 제대로 이루어지지 않게 됨으로써 나중에 여러 가지 행동 문제가 나타날 수 있으므로 더욱 주인의 세심한 배려가 필요하다. 외출할 때는 위 사항 중 ①~③을 활용하고 철망 우리 같은 크레이트를 사용하면 좋다. 완전히 크레이트에 적응한 개는 외출할 때 넣어 두고 가면 편하게 쓸 수 있다.

– 홀로 남겨졌을 때 심하게 울부짖는 개

이런 개는 대부분 어릴 때 제대로 된 사회화 과정을 거치지 않았거나, 지나친 주인의 애정과 과잉보호로 주인에게 너무 의존적하며 집착하는 버릇이 든 개에게서 나타난다.

거짓으로 외출하는 것을 반복한다.

처음에는 문 밖에 서 있다가 바로 들어온다. 하루 몇 차례씩 불규칙한 시간에 반복한다. 이런 식으로 점차 시간을 늘려간다. 이렇게 하면 어느 정도 시간을 혼자 있을 수 있게 된다. 그렇다 해도 가끔은 나갔다 곧바로 들어오는 방법으로 개가 주인의 행동을 읽을 수 없게 만든다.

외출할 때는 가급적 개가 모르게 조용히 나간다.

외출하기 전이나 돌아온 후에도 한참 동안 개를 상대하지 않는 무관심으로 개를 자극하지 않는다.

복종 교육과 운동, 산책 등을 많이 시킨다.

이는 주인과의 상, 하 관계를 확립시켜서 신뢰 관계를 깊게 할 뿐만 아니라 무료함과 운동 부족으로 인한 스트레스를 줄여서 심리적 안정감을 갖게 한다.

한 주인에게만 지나칠 정도로 의존하는 개의 경우 먹이를 주거나 산책하는 일을 다른 가족이나 친구에게 하도록 하여 의존심을 분산시킨다.

60. 강아지의 배변 훈련

질문

생후 10개월 정도 된 사내 녀석으로 유기견입니다. 데려올 때부터 낯 안 가리고 사람 좋아하는 체질로 낯선 환경에 잘 적응해 가고 있었습니다. 하지만 녀석의 배변 습관이 문제입니다. 애완견을 처음 키우는 처지여서 배변 훈련 지식 없이 신문지를 활용했으나 좀처럼 변화가 없네요.

처음엔 대소변을 가리지 않는다는 이유로 호되게 나무라곤 했습니다. 그랬더니 집 안에서는 억지로 참다가 상황이 어쩔 수 없으면 조금씩 배설합니다. 매일 30분씩 운동을 시키는데 계속 참다가 외출할 적마다 한꺼번에 싸곤 합니다. 무리하게 대소변을 참는 녀석의 모습이 너무 안쓰럽네요.

집 안에서는 이불이고 소파고 가리지 않고 아무 데서나 쌉니다. 배변 훈련에 엄청난 인내가 요청되는 걸로 알고 있습니다만, 어떻게 대처해야 할지 참으로 답답합니다.

답변

배변 훈련은 굉장히 오래 걸리기도 하는 고난도 과정입니다. 신문지와 철창을 이용하는 방법을 소개합니다. 식후에 강아지를 신문지 위에 올려놓고 신문지 주위를 철장으로 막아 보세요. 신문지 위에서 배변한다면 바로 다가가서 칭찬하는 겁니다.

식후 30분 정도 흐르면 코를 땅에다 대고 킁킁거리며 다닐지도 몰라요. 그 때는 화장실 가고 싶다는 신호일 수 있으니 강아지를 배변 장소로 옮기세요. 강아지가 코를 땅에 박고 킁킁대며 돌아다니면 얼른 화장실로 옮기거나 신문지 위에 올려놓고 철장으로 막아 보세요.

잠시 후 변을 본다면 역시 칭찬하는 겁니다. 철창을 이용할 경우 그 안에서 대소변을 보지 않으면 열어 주지 마세요. 배변이 끝나야 열어 주는 식으로 대처하다가 잘 싸면 칭찬하며 간식을 줍니다.

신문지를 사용할 때 반드시 같은 장소에만 놓아야 합니다. 그렇지 않고 장소를 자주 옮기면 헷갈려서 아무 데나 배변을 볼 수도 있거든요.

화장실을 배변 장소로 정했다면 철장을 사용하지 말고 그냥 문만 닫아 놓으세요. 몇 분 후 문을 열어 확인하는 겁니다. 지정한 패드 위나 화장실 바닥에 배변했다면 그 때도 아끼지 말고 칭찬하세요.

때에 따라서는 호된 꾸중도 필요합니다. 혹시 패드 위나 화장실 바닥이 아닌 다른 장소에서 배설했다면, 그 배변 장소로 강아지를 데리고 가서 [여기다 싸면 안 돼!]라고 따끔하게 말해 줘야 합니다.

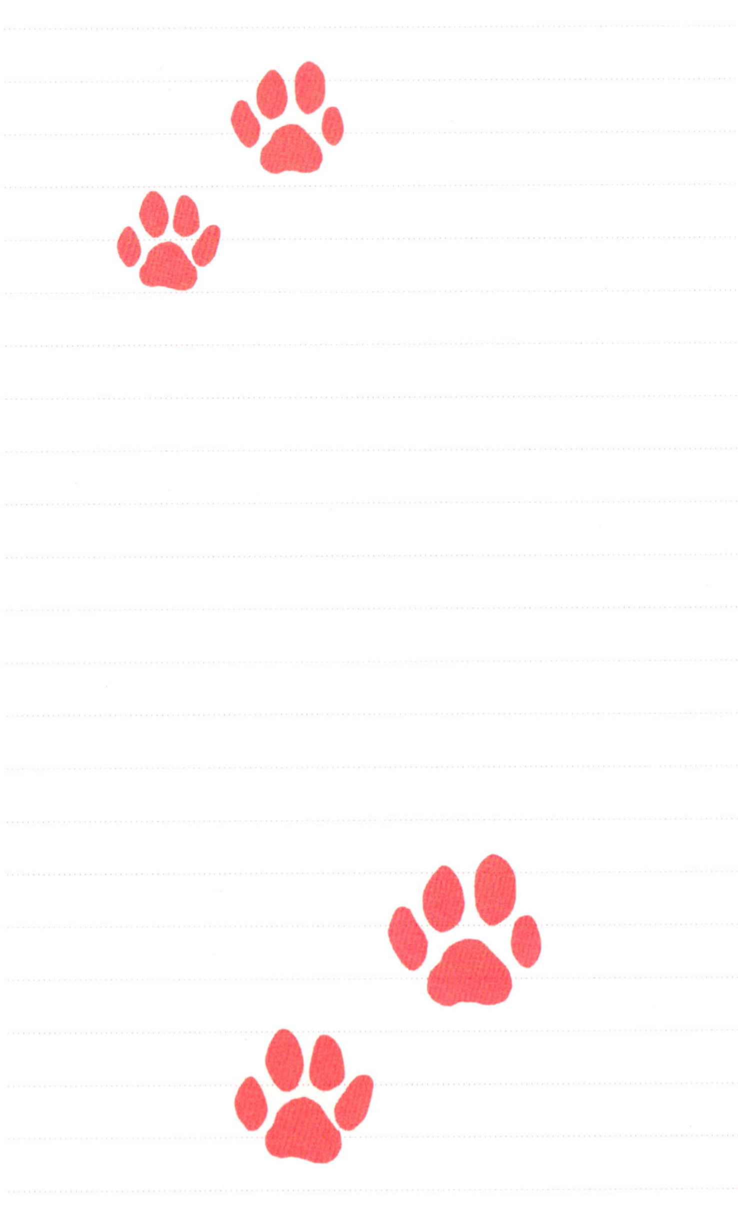

제4부 애완동물 의료보험

61. 진정한 자연사랑, 생명사랑

서울 송파구 소재 동물병원에 인턴으로 들어갔다. 숙소는 병원 뒤편 작은 골방이었다. 어느 날 밤 잠결에 예감이 이상해 눈을 떴다. 생쥐 한 마리가 두리번거리며 비스듬한 난간을 타고 쪼르르 내려가고 있었다. 생쥐와의 동침은 그렇게 일 년 동안 지속되었다.

어느 병원도 마찬가지겠지만 대부분의 방문객은 주부들이었다. 원장은 수술이나 방역 등을 위한 애견농장 출장이 많았다. 당연히 병원에 온 손님은 내가 알아서 치료해야 했다.

어느 날 40대 아줌마 한 분이 요크셔테리어를 데려고 왔다. 그 아이의 이름은 [당근]이었다. 당근이는 잔뜩 겁에 질린 표정으로 진료대 위에서 부들부들 떨고 있었다. 우선 긴장을 풀어주기 위해 머리부터 발끝까지 가벼운 마사지를 시작했다.

– 평소 집에서도 이렇게 떠나요?

잠시 후 긴장을 늦춘 당근이를 보며 보호자에 질문을 건넸다.

– 그렇진 않아요. 가끔 큰소리가 나면 지레 겁부터 먹고 이런 식으로 떨곤 해요.

– 남편분이 엄하신가요?

– 아니요. 평상시 잘 해 주는데 술만 먹으면 얘가 겁을 많이 먹어요.

그런 대화를 20분 정도 나눈 뒤 난 처방을 내렸다. 당근이에겐 소화 촉진 처치를 했고, 보호자에겐 부부 간의 신뢰에 대하여 조언했다. 강아지 치료엔 5분이 걸렸지만 보호자의 간접적 치료엔 20분이나 걸렸다.

애견은 집 안의 환경에 따라 병이 올 수도 안 올 수도 있다. 다시 말해 집주인 식구들의 평화가 애견에겐 더 없는 행복이다. 부부싸움이 많은 집에선 애견들이 마음 놓고 놀 수가 없다. 애견은 상황이 언제 어떻게 변할지 모른다는 불안함을 느끼기 때문이다. 예민한 애완견의 경우 방에서 큰 소리만 나도 바로 책상 밑이나 신발장 쪽으로 도망가 벌벌 떠는 게 대부분이다.

1년 동안의 인턴 생활에서 난 느꼈다. 가끔 두려움을 이기지 못하는 애완동물을 만날 적마다 그 갈등은 심해졌다. 애완동물 진료 사업을 돈벌이로 생각한다는 건 할 짓이 아니라고 말이다.

그렇게 갈등을 겪은 뒤 약 일 년 동안 동물의사를 포기하고 외도를 시작했다. 외국어학원의 텔레마케팅, 부동산 텔레마케팅, 학습지 교사 등을 하다가 결국 다시 동물병원으로 돌아왔다. 역시 배운 게 도둑질이라고 나에겐 수의사로서 잘 할 수 있는 자질이 있다는 판단 때문이었다.

IMF 외환위기를 넘기고 2004년 전후엔 병원의 손님이 많아 정신이 없을 정도로 바빴다. 그 때 내가 내린 결정은 분점을 내는 것이었다. 대형마트 바로 옆에 동물병원을 하나 더 냈다. 그러면서 빚이 2억으로 늘어났다. 관리수의사를 둘 여력도 없게 되자 혼자서 두 병원을 오락가락 하면서 진료를 해야 했다.

여전히 지금도 정신적 갈등은 심한 편이다. 불과 5년 전과 비교하여 동물병원의 경쟁이 워낙 심화되어 있다. 자본 투입에 비하여 수익은 형편없이 떨어지게 된 지금의 상황이다. 물론 사람 병원도 마찬가지 상황이다. 난관 해결은 간단하나 어렵다. 임대료를 낮추는 방법을 강구하고 보다 전문화된 진료가 관건이다. 혼자 운영하는 동물병원에서 이런저런 장비를 다 구입하여 쓰다 보면 비효율적인 경영이 될 수밖에 없다. 따라서 몇 명이 함께 공동 진료실을 활용하여 연구하고 돕는 방법을 강구해야 한다.

현재의 원장, 부원장, 인턴, 애견 간호사, 애견 미용사 등의 구성원으론 병원이 버티기가 쉽지 않다. 결국 원장과 한 명 정도의 인턴, 미용사로 구성된 슬림형 동물병원만이 살아남게 된다.

애견의 보호자와 수의사 사이의 유대관계는 친절함도 중요하지만 진료비의 부담도 큰 비중을 차지한다. 예방수의학을 제대로 실시하면 애견의 질병은 거의 사라질 것이다. 이야말로 애견인들이 가장 바라는 상황이지만, 일 년에 한 번도 동물병원을 방문하지 않는 애견인이 많아서 문제가 생긴다. 결국 큰 병이 나서야 동물병원을 방문하여 많은 비용을 감당하고도 죽어 가는 애견이 많다.

필자는 항상 주장한다. 예방수의학을 통해 기본적인 접종과 운동, 사료 공급이야말로 동물보호법의 기본권이 되어야 한다는 점이다. 애완동물에 관한 모든 문제점 해결은 사람처럼 기본적인 생존이 보장되어야 한다는 데 집중된다. 현재 국가에서 지원하는 광견병 접종의 경우 수의사의 희생을 바탕으로 시행된다. 그보다 더 중요한 장염이나 독감 등은 비용 문제로 한 차례도 접종하지 않은 애견이 대부분이다.

애완동물의료보험의 전국 실시는 살아 있는 생명에 대한 기본적인 권리를 찾아주는 일이다. 자연 사랑과 자연 보호를 외치지만 정작 실천은 그렇지 못하다. 우리 모두 지근거리에서 문제점을 찾아야 한다. 우리 인간의 가장 가까운 곳에서 호흡하는 애견(강아지), 애묘(고양이), 특수동물에 대한 관심과 배려가 우선이다.

산에 있는 돌과 풀, 나무들도 보호하면서 살아 있는 동물을 방치하는 것만큼 어리석은 짓은 없다. 현재 우리나라의 동물보호법은 관료주의적 발상에 의한 입법이 대부분이다. 생명에 대한 인식 없이 그저 어떻게 쉽게 관리할 것이냐에 초점이 맞추어진 법안일 따름이다. 동물을 통한 인간관계와 가족 구성원의 발전이 현실로 다가온 시점에서 언제까지 구시대적인 발상에 의하여 동물보호법을 왜곡할 수 있을지 의문이다.

62. 애완동물의료보험의 텃밭을 가꾸는 이유

애완견 인구 1000만 시대의 사회적 책임

애완견을 기르는 국내 인구가 1000만 명에 육박합니다. 애완견 시장은 연간 2조 원 이상이라는 통계, 해마다 30~40% 이상 성장을 거듭해 왔다는 주장도 있습니다.

핵가족과 독신자 생활이 보편화되면서 나타난 사회적 현상입니다. 고독을 달래줄 상대로 애완견을 많이 찾기 때문이죠. 특히 선진국으로 넘어갈수록 애견의 숫자가 폭발하는 추세를 보입니다.

우울증 치료에 탁월한 효과를 보인다는 애견. 단순한 장난감 수준이 아니라, 인간과 정서를 교감하는 [반려자]의 개념으로 이해됩니다.

하지만 경기가 안 좋아졌다는 이유로 애견 관리비용 부담을 버겁게 여기는 가정이 늘어납니다. 예전보다 애견의 건강에 소홀하고 질병 예방에 관심을 기울이지 않습니다. 그러다 보니 애완견을 방치하는 사람들이 생기고 나중에는 더 큰돈을 들여 치료해야 합니다.

결국 적지 않은 사람들이 애견을 포기하고 내다버립니다. 최근 경제난이 풀리지 않으면서 [유기견]의 숫자가 증가하는 것도 그 때문입니다. 동물보호기관과 동물보호단체의 숫자도 턱없이 부족하지만, 그나마 경영난에 직면하고 있어 근본적인 해결책이 나오지 않습니다.

중국에서는 [애완동물등록제]를 실시함으로써 책임과 의무를 강조하고 있습니다. 여러 선진국의 경우에도 애완견이 인간의 친구(반려자)인 생명체라는 관점에서 애완견을 존중하고 보호하는 활동이 적극 장려될 뿐만 아니라, 이를 뒷받침하는 제도와 법적 장치가 빈틈없이 강구됩니다.

우리나라에서도 이대로 방치한 채 근본적인 해결책을 만들지 않으면 사회적인 문제를 야기할 수밖에 없을 것입니다.

63. 먹고살기 힘든데 뭔 애완동물의료보험?

내 이름은 [두리]야. 요즘 날씨, 사흘 춥고 나흘 따스해. 약간 유식하게 말한다면 삼한사온(三寒四溫)이잖아. 덕분에 나도 감기 걸려 동물병원 신세를 지게 생겼다. 그런데 소위 애완견으로 살면서 이번처럼 괴상망측한 일은 난생 처음이야! 왜냐고? 아, 글쎄 말이야. 우리 주인님이 생전 안 부르던 콧노래를 흥얼거리며 동물병원으로 날 데려간 거 있지.

– 야! 돈이나 잡아먹는 놈!

그렇게 구박이나 하던 주인님이 오늘은 웬걸 보무도 당당하게 병원으로 들어서더군. 내 참, 알고 봤더니 그 동물병원이 [애완동물의료보험] 시범, 아니 시험 병원이라고 하더군. 아무튼 예전 진료비의 1/3이나 절반 정도에서 진료도 받고 예방접종도 받는다는 거야. 세상이 변해도 한참 변했더군.

– 애완동물 등록제 실시에 발맞추어 추진하는 시범 사업이죠.

미소를 잃지 않는 그 동물병원 원장의 말이 그랬다. 야심차게 시도 중인 [애완동물의료보험]을 앞세워 애견인들의 반응과 의견을 상세히 조사하더구먼. 어찌나 세부 추진 사항을 꼼꼼하게 챙기는지 절로 신뢰감이 갔다. 나도 괜히 기분이 좋아져 콧노래를 부르고 싶었다. 정말이지 그렇게만 된다면 치료를 못 받아 신음하거나 버려지거나 죽어가는 애완동물이 거의 없어질 것이란 생각 때문이었다.

– 치료비 부담이 적으니 괜찮네요.

주인님이 실실 웃으며 그렇게 대꾸하던 순간, 나도 덩달아 흥이 났다. 예전 같았으면 주인님 눈치 보느라고 긴장한 나머지 주사 맞기도 더 아팠는데 오늘은 영 달랐다. 아주 가벼운 마음으로 주사를 맞다 보니 전혀 통증을 느낄 수 없었다.

20여 분 동안의 진료 시간이 흐르자, 우리 주인님은 흐뭇한 표정과 가벼운 손길로 지갑을 열더군. 원래 진료비가 21,000원인데 10,000원을 내밀어도 3,000원을 거슬러 주니 그럴 만도 했지. 그뿐인 줄 알아?

– 야, 네 간식이다. 앞으론 자주 사줄게.

자린고비, 대책 없는 구두쇠, 우리 주인님의 입에서 나온 말이었다. 화들짝 놀라 고개를 들었더니, 아니 이게 뭐야? 생전 사주지 않던 간식을 3,000원어치나 사서 내 코앞에 내민 거 있지. 내 참, 오래 살다 보니 별의별 일도 다 있다 싶더군.

– 치료는 해주어야 하는데 병원비가 비싸서 치료도 못하고 어떡하지?

그 동안 우리 주인님은 안쓰러운 반응이나 드러낸 게 고작이었다. 그저 말뿐이었다. 그럴 때마다 우두커니 주인님을 쳐다보다가 슬그머니 방구석으로 들어가 숨을 죽이곤 했었다. 작년에도 감기 걸려 열흘 동안 앓았는데 노란 콧물까지 흘러나왔다. 잘못하면 폐렴으로 갈 수도 있다는 소리를 들었어.

더군다나 피부병에 걸렸을 적엔 형편이 말이 아니었다. 곰팡이가 엄습한 피부병을 운명처럼 짊어지고 살았다. 한두 달 치료를 받아야 완치가 된다지만 진물과 피고름이 오락가락할 때가 돼서야 어쩔 도리 없이 병원에 갈 수가 있었다. 그 후유증 때문에 요즘도 가끔 피부병이 공격하곤 해. 하지만 이제는 [애완동물의료보험]이 생겼으니 우리 동네의 애견들은 안심해도 괜찮아. 내 일처럼 괜히 뿌듯한 것도 그 때문이야.

– 사람도 먹고살기 힘든데 뭔 놈의 애완동물의료보험? 한심한 소리!

애완동물을 멀리 하는 사람들은 그렇게 말하곤 했어. 그래, 그럴 법도 해. 하지만 우리 주인님 같은 애견인일수록 약간의 비용을 부담하고 의료보험 혜택을 받을 수 있다면 쌍수를 들고 환영해. 어차피 일 년에 몇 백억 원의 국가 돈이 버려진 애완동물의 관리 비용으로 지출되거든.

– 내가 내는 세금을 왜 애완동물에게 쓰는가 말이야. 말도 안 돼!

애완동물을 키우지 않는 사람들의 입장에서 보면 결코 틀린 관점은 아니다. 하지만 자기들 에게 부담하란 뜻이 아니라는 걸 왜 몰라? 결국 애완동물의료보험의 보험료는 애완동물 애호가인 애견인들이 알아서 부담한다는 현실을 모르고 떠드는 소리야. 애완동물의료보험을 실시하면 국가에서 불가피하게 지원하던 유기동물 관리 비용도 점차 감소될게 확실한데 뭘 모르고 뱉는 말이거든.

사람들은 너무 단순하다. 덮어놓고 반대만 하는 사람들이 너무 많다.

[하나만 알고 둘은 모른다]는 속담은 이럴 때 써먹어야 해. 한번 따져보자. 지금 당장 감당해야 할 경비와 3-5년 후 부담해야 할 금액을 비교하면, 애견인이 아닌 사람이나 정부 당국에게 훨씬 유리한 정책이자 제도야.

우리 애완동물이 인간의 가정에서 어떤 역할을 하는지 알기나 해? 인간 생활의 활력소는 물론이고 피곤에 찌든 사람들의 청량제 구실을 한다는 사실! 좀 기억해 줘. 맹도견으로부터 인간을 보호한 일은 말할 것도 없고 정신병에 걸린 사람들을 우리가 구제한 사례들도 너무 많아. 자꾸 우리를 인간과 분리하려고 하지 마. 그건 시대착오적 발상이야. 뭔 말인지 이젠 알겠어? 무턱대고 반대하는 사람들일수록 깊이 생각 좀 해봐. 애완동물의료보험은 모든 사람들에게 아주 유익한 정책이자 제도이거든!

64. 아저씨, 애완동물의료보험이 왜 필요한지 알기나 해?

나는 [두리]란 이름의 [쉬쯔] 종이다. 우리 쉬쯔처럼 참 예쁜 애완견은 이 세상에 그리 많지 않다. 우리 쉬쭈란 종견은 인간들처럼 안경을 애용하는 편이다. 하지만 내세울 만한 특징은 더 있다. 몸통에서 흰색과 갈색이 부드럽게 어우러지기 때문에 아름다운 얼룩무늬를 만들고 있다.

그렇다고 예쁜 애완견이 모두 행복한 건 아니다. 내 삶은 보기보다 파란만장한 편이어서 주인을 바꿔야 했다. 당초엔 경기도 일산에서 살았는데 그 첫 주인님이 피치 못할 사정으로 나를 키울 수 없다는 거였다. 불가피하게 며칠 방황하다가 동물병원장 선생님의 품에 안기게 되었다. 그러던 어느 날이었다. 지금의 주인님이 나를 너무 예뻐했던 나머지 빼앗다시피 나를 데려온 거였다. 나를 떠나보내면서 넋 잃고 바라보던 동물병원장의 서글픈 눈빛이 지금도 눈에 밟히곤 한다.

나에겐 유별난 특징이 몇 가지 있다. 근본적으로 사람이란 동물을 조금도 무서워하지 않지. 특히 경거망동을 무척이나 배척하는 편이다. 그래서 원장선생님이 나를 예뻐했던 거다. 지금 나는 경기도 구리시에 산다.

우리 할머니는 처음에 나를 반기지 않으셨어. 하지만 나의 행동거지와 차분한 성격에 반했는지 며칠 안 가서 할머니가 마음을 바꾸더군. 수시로 내 머리를 쓰다듬거나 흔쾌히 안아 주시는 거 있지.

솔직히 말하지. 나에게 반하지 않는 사람은 아직 못 봤다. 오죽하면 우리 주인님이 나를 보물 1호라고 부르겠어. 더 솔직히 말하자. 주인님은 우리 엄마보다 나를 더 애지중지한다. 그래서 문제가 좀 생긴다. 하지만 여자의 질투심에 가끔 봉변을 당하지만 참을 수 있다. 꿀밤 한 대 정도 견딜 줄 알아야 애완견 자격이 있는 거 아니겠어?

내 나이도 벌써 열 살이다. 돌이켜보면 비교적 안정된 삶을 살아온 편이었다. 내 친구들 중엔 집 밖으로 버려진 아이들도 많았어. 거리를 배회하다가 승용차에 치이거나 못된 사람에 붙들려 보신탕집으로 보내진 친구도 적지 않아!

그러나 나는 행운아였다. 심지어 우리 옛 주인인 원장 선생님이 [애완동물의료보험] 실시를 위한 준비를 착착 진행한다는 소문이 들렸기 때문이다. 나는 이번 기회에 공짜로 마스코트가 될 생각이다. 내가 [애견의 대모]인 것처럼 전면에 나서도 흉볼 사람은 없겠지 뭐.

인간 세계에서는 10년을 내다보지 못하고 서둘러 도입한 제도, 4대 보험의 무계획적인 운영과 여러 문제점으로 무척 시끄러워. 여러 보험을 통합해야 한다, 의료보험공단을 없애야 한다, 참으로 말들이 많아. 그런 문제점을 익히 알고 있는 우리 원장님은 절대 방만한 운영은 안 할 것이라고 장담하곤 해. 비영리 사단법인의 근본 취지에 걸맞게 최소한의 직원 월급을 준 뒤 몽땅 투명하게 사용하겠다는 거야.

다시 말하면 비영리 사회복지 운영지침을 철저히 지키겠다는 거다. 왜 그런 다짐이 나온 건지 알기나 해? 인간 사회에서 벌어지는 현상들 대부분 불합리한 점이 너무 많은 나머지 [배보다 배꼽이 더 큰 경우]가 얼마나 많은가 말이야.

우리 애완동물이 버려지면 대체로 [유기견센터]에 보내진다. 정부에선 그 곳에 운영자금을 지원하고 있다. 그런데 그 자금이 유용되는 경우도 많다는 소문이 들려. 부동산 투자로 배를 불리는 사람도 있다는 거야.

이건 말도 안 돼. 합리적인 체계를 갖추는 데 머물지 말고 관리 감독을 철저히 해야 해. 그뿐이 아냐. 근본적인 유기견 근절 방안을 추진하고 애완동물과 인간의 상호 행복 추구권을 확보하려면 반드시 [애완동물의료보험]을 정착시켜야 해.

하지만 우리 애견의 주인님들도 참 안됐다. 개 키운다는 이유만으로 경비아저씨와 동네 아줌마들의 잔소리가 두려워 집 밖에 나가기가 싫다는 거야. 마치 큰 죄를 지은 것처럼 고개를 숙이고 다니는 주인님도 있다. 기본적인 예의를 지키며 애완동물을 키우는 사람이라면 좀 더 당당해져야 해. 기본 질서를 지키는데도 비난하는 사람들에겐 오히려 큰소리를 쳐야 해. 권리란 스스로 찾아야 하는 성격이다. 괜히 주눅들 필요가 없어.

선진국에선 사람들끼리 만나면 [메리는 어때? 잘 지내고 있나?] 하며 애완동물을 소재로 이야기하는 게 습관처럼 굳어 있다. 뭐 그렇게까지 따라갈 필요는 없어도 더불어 사는 사회라는 인식이 필요해.

우리나라를 개고기 먹는 야만국이라고 멸시한 그 코쟁이 여자, 시답잖은 그 여배우 한 마디에 흥분할 필요가 없다. 그럴 이유가 없다. 전 세계에서 유례없는 [애완동물의료보험]을 보란 듯이 실시하면 그 여배우도 다시는 그런 말 따윈 짖지는 않을 거다.

국위선양이란 별게 아니다. 우리 스스로 코앞에 닥친 문제를 해결하고 사회적인 공감대를 만들어갈 경우 선진국에서 오히려 우리 한국에서 배워간단 말이다. 그 때부턴 국가 인지도도 무척 높아지겠지. 정치하는 분들도 진실로 고민하면서 사회적 모순을 해결할 줄 알아야 해. 괜히 다른 정당을 욕하며 침을 튀길 필요가 없어. 묵묵히 신선한 법안을 만들고 스스로 실천하면 그렇게 떠들지 않아도 국민들은 그 정당을 밀어줄 거다.

정말이지 내 말이 틀려? 내 주장이 맘에 안 들면 나를 고소하라고! 하지만 고소 고발이 쉽진 않을 거다. 애견 감옥은 없으니까. ㅋㅋㅋ.

난 한국을 사랑해. 우리네 품종은 원래 중국이 원산지야. 그래도 난 한국이 좋아. 다정다감하고 이해심 넓은 한국인들이 사랑스러워.

자 따라 해 봐. [애완동물의료보험 정착하여 문화강국 실현하자!] 하루에 세 번씩 외치고 잠자리에 드는 거야. 오케이? 대한민국~.

애완동물의료보험 전국 실시를 통해 비애견인의 부담을 없애고 애견인의 대환영을 가져올 화두와도 비슷한 힘을 가졌다는 생각이다. 애견인구를 현재 1000만 명으로 추정하고 있다. 더군다나 전 세계적으로 유례가 없는 선진국보다 더 월등한 생명 존중 사상을 바탕으로 애완동물의료보험을 추진한다면 충분히 가능한 이야기다.

다시 강조하자. 애완동물생명의료보험 실시에 대한 힘겨루기를 지켜보는 맛도 쏠쏠할 것이다.

65. 개만도 못한 남자

뉴질랜드는 〈어린이들의 천국〉입니다.

뉴질랜드에서 가장 대접받는 존재가 어린이입니다. 어린이는 모든 것에 우선하여 존중을 받습니다. 심지어 한국 어른들처럼 외출하면서 '얘들아, 집 좀 봐라' 하고 떠나도 처벌을 받게 됩니다. 보호자 없는 상태에서 14세 미만의 어린이들을 빈집에 남겨 두었다는 이유로 말입니다.

어린이들이 탄 스쿨버스를 함부로 추월하지 않는 것도 뉴질랜드 사람들의 기본 예의범절이자 사회적 약속입니다. 운전기사의 사전 양해를 얻지 않고 아이들이 탄 차를 잘못 앞질렀다가는 역시 처벌받습니다.

그렇다면 어린이 말고 가장 대접받는 존재가 무엇일까요. 대충 다섯 가지로 압축하여 소개할 수 있습니다. 이미 소개한 대로 첫 번째는 〈어린이〉, 두 번째는 〈여성〉, 세 번째는 〈개(강아지)〉, 네 번째는 〈고양이〉입니다.

마지막으로 다섯 번째는 무엇일까요? 궁금하지 않으세요? 바로 〈남성〉입니다. 가장 대접받는 게 아니라 가장 뒤로 밀리는 존재가 남자입니다. 〈남자 어른〉과 〈아들〉이 〈어린이〉와 〈여성〉에 앞서 대접을 받던 예전의 한국 풍토에 비하면 무척이나 합리적인 가치관이죠.

뉴질랜드는 〈개들의 천국〉입니다.

〈동물 보호 규약〉 제1조는 이런 글로 시작합니다. 〈개는 인간의 친구다!〉 친구를 우습게 알고 천대했다간 망신을 당할 수 있다는 경고의 메시지와 다름없습니다. 그런 나라에서 개를 잡아먹는다는 건 꿈속에서도 상상하기 어려운 일입니다. 친구를 잡아먹는다? 식인종이 아닌 이상 불가능한 사건이죠.

남편에게 먹던 음식을 준 아내는 처벌받지 않습니다. 하지만 개에게 먹던 음식을 준 사람은 처벌 대상이 됩니다. 개집 옆에는 늘 맑은 물이 흘러야 하고 규격 미달의 개집(친구네 집)을 짓는 것은 법률로 금지됩니다. 〈친구〉의 출생 신고와 사망 신고를 게을리 한 사람은 범칙금을 물어야 합니다. 친구(개)의 목에 반드시 〈주민등록증〉을 부착해 줘야 하고, 두 마리(아니 두 분) 이상의 개(아니 친구)를 기르려면(아니 모시려면) 해당 관청의 특별 허가를 받아야 합니다.

뉴질랜드는 〈여성들의 천국〉입니다.

뉴질랜드에서 바다낚시를 즐기다가 어마어마한 월척을 거진 사람은 일간지 톱기사의 주인공이 됩니다. 뉴질랜드에서 남편이 아내를 때렸다면 이 사건 역시 일간지 톱기사가 될 수도 있답니다.

아내에게 손찌검을 하는 남자는 야만인 취급을 받습니다. 아내에게 두 눈을 부릅뜨거나 욕설을 하거나 주먹을 휘두르는 시늉이라도 한 미개인 남편은 처벌 대상이며 격리 수용 대상이 됩니다. 어쨌든 남성이란 존재는 어린이, 여성, 개, 고양이를 보호하기 위해 태어난 거처럼 느껴질 때도 없지 않습니다.

사회보장제도가 거의 완벽하게 정착된 나라, 〈과부 수당〉은 있어도 〈홀아비 수당〉이 없는 나라가 뉴질랜드이기 때문이죠.

뉴질랜드 남자들은 개만도 못하다?

뉴질랜드 남자는 우선 보호 순위에서 어린이, 여성, 개, 고양이 등에 밀립니다. 〈인간의 친구들〉이 물에 빠져 허우적거리는 상황이 닥쳐왔을 때 가장 먼저 어린이를 구출하고, 그 다음 여성을 구출하고, 그 다음 개와 고양이를 구출한 뒤 마지막으로 〈다 죽어 가는 인간의 친구〉 남자를 〈건지라〉는 의미는 아닐 겁니다.

하지만 한국 교민 남자들 사이에서 떠도는 대표적 농담이 〈개만도 못한 남자〉랍니다. 한국에서 폼 좀 잡다가 이민을 와서 주객전도(?) 현상에 당황했기 때문이죠. 역전된 사회적 분위기에 적응하던 과정에서 한국 남자들이 자조 섞인 유행어를 만들어낸 겁니다.

66. 동물보호법 개정 내용 요약

개, 고양이 등 반려동물의 사육과 유기동물의 증가로 인한 광견병 등 인수공통전염병을 사전에 예방하고 반려동물을 보호 관리하기 위해 개정한 동물보호법이 2008년 1월 27일부터 시행되었다.

이번 개정 법률에 따르면 동물에 대한 등록제가 도입되었다. 반려 목적으로 기르는 개를 바깥으로 데리고 나갈 경우 인식표를 부착해야 한다. 특히 안전장치 휴대와 오물 수거 등의 의무가 부과되고 동물 학대에 대한 벌칙도 강화되기 때문에 개정된 동물보호법을 충분히 공부할 필요가 있다.

등록제의 주요 내용을 보자. 시장, 군수, 구청장이 반려동물(개)을 등록하도록 하는 경우 반려동물(개) 소유자는 소유 동물의 원령이 3개월 된 날부터 30일 이내에 소유자의 주소지 관할 시 · 군 · 구에 동물등록 신청서를 작성 제출하여 등록해야 한다.

소유자가 반려동물(개)을 동반하고 외출할 때는 소유자의 성명, 주소, 전화번호 등이 기재된 인식표(전자태그 등)를 부착시켜야 한다. 인식표가 없는 동물은 유기된 것으로 간주되고, 인식표를 부착시키지 않으면

20만 원 이하의 과태료가 부과된다.

안전 조치 조항에 따르면 소유자가 반려동물(개)을 동반하고 외출할 때는 목줄 등 안전 조치를 해야 한다. 배설물이 생긴 때는 즉시 수거해야 한다. 위반 시에는 10만 원 이하에 과태료가 부과되기 때문에 외출 시 배변 처리 물품의 휴대가 필요하다.

특히 잔인한 방법 등으로 죽이는 행위, 상해를 입히거나 신체를 손상하는 행위, 도박 · 광고 등을 목적으로 상해를 입히는 행위 등 동물 학대 행위를 금지한다. 유기된 동물을 포획하여 판매하거나 죽이는 것도 금한다. 다만 수의사법에 따른 지료 행위 등 농림부령이 정하는 경우 등 일부 예외규정이 있다. 위반 시에는 500만 원 이하의 벌금이 부과된다.

동물을 유기하여서는 안 되고 위반 시에는 50만 원 이하의 과태료가 부과된다. 시장과 군수는 도로 공원 등의 공공장소에서 돌아다니거나 버려진 동물을 발견할 경우 보호 조치를 취해야 한다. 공고 시작일로부터 10일이 경과해도 소유자 등을 알 수 없는 경우 시 · 군 자치구가 동물의 소유권을 취득해야 한다. 소유권이 귀속된 동물은 시 · 군 조례에 따라 동물원 등에 기증하거나 분양할 수 있다.

이 밖에도 동물보호(명예)감시관제도 운영과 시 · 도지사, 반려동물 소유자, 동물 운송자, 동물판매자가 지켜야 할 사항도 포함되어 있다.

앞으로 개정된 동물보호법 때문에 많은 변화가 있을 것으로 예상된다. 특히 인식표, 목줄, 배변 처리 용품의 수요가 대폭 증가될 것이다.

우리 애견인들의 전폭적인 관심도 필요하다. 진정한 동물보호법이 되려면 개정된 동물보호법을 정확히 이해하고 협조해야 한다.

제5부 개들을 위한 간단 간식

67. 고구마와 바나나 간식

고구마의 주성분은 녹말 위주의 당질이다. 녹말은 익으면 맛이 좋아지고 소화 흡수가 잘 된다. 각종 비타민과 무기질과 양질의 식이섬유가 함유되어 있기 때문에, 비장과 위를 튼튼히 하고 혈액 순환을 원활하게 하는 효능이 뛰어나다.

고구마의 비타민 B1은 당질의 분해를 돕기 때문에 피로회복에 좋고, 야맹증 치료와 시력 향상에 효과적이다. 비타민과 탄수화물이 다량 함유되어 고구마는 췌장염으로 고생하는 애견들에게 최고다.

바나나는 탄수화물이 많고 칼륨과 무기질이 풍부하다. 카로틴과 식이성 섬유의 한 가지인 펙틴이 많아서 심장 박동 조절이나 신체 이온 균형 유지를 도와주기도 한다. 상당량의 칼슘이 포함되어 있어 부드러운 눈의 조직을 보호하는 작용을 한다. 결막염과 공포증 등을 없애는 데 효과적인 역할을 하기도 한다.

재료

고구마와 바나나.

① 고구마와 바나나를 준비한다. 고구마는 껍질을 벗겨서 찐다. 감자 깎는 도구로 쓱쓱 벗긴 후 찌는 게 편리하다. 고구마와 벗긴 바나나를 그릇에 넣고 으깬다. 믹서를 돌려도 무리가 없다.

② 으깬 고구마와 바나나에 사료를 섞는다. 골고루 섞이면 반죽한다. 동글납작한 모양을 만든 뒤 건조기에 올린다. 건조 필름을 쓰거나 랩을 깔고 그 위에 올린다.

③ 30분-1시간 경과하여 반죽이 좀 굳어지면 랩을 다시 빼준다. 모양을 내고 싶을 경우 도마 위 반죽을 네모나게 펴서 냉동실에 넣는다. 15분~20분 지난 후에 꺼내서 원하는 모양으로 만든다. 건조기에 올려 60도로 9시간 맞추고 마르기를 기다린다.

④ 냉동실에 보관했다가 꺼낼 때는 실온에서 찬 기운이 빠진 후에 배식해야 한다. 냉동실에서 꺼낸 간식을 바로 주어야 할 때는 반드시 전자레인지에 돌려서 찬 기운을 뺀다. 갑자기 찬 걸 먹으면 배탈 설사를 할 수 있기 때문이다.

68. 고구마 스틱

재료와 준비물

찐 고구마, 전지분유, 갈아 놓은 뱅어포, 밀가루.

만드는 법

① 찐 고구마를 막 으깬다. 믹서로 곱게 갈아 놓은 뱅어포 가루와 전지분유를 넣고 팍팍 섞는다.

② 바삭바삭한 맛을 원하면 약 1스푼의 밀가루를 더 첨가한다.

③ 손으로 쳐대고 적당히 잘라서 길쭉하게 만든다. 오븐 토스트 기구에서 노릇하게 구우면 끝이다.

집에서 쉽게 만들 수 있는 맛난 간식이다. 그렇게 빠삭거리진 않고 적당히 바삭거린다. 수분을 더 줄이면 사루비아 과자처럼 바삭거린다.

69. 홍당무 쿠키

재료와 준비물

당근, 해바라기 씨, 계란 1개, 밀가루, 물, 믹서, 오븐(프라이팬이나 가스레인지도 가능).

만드는 법

홍당무는 강아지들의 몸에 들어가 색소를 진하게 해주는 역할을 한다. 아이라인이나 코끝의 색소가 모자란 강아지들에게는 더 없이 좋은 음식이다. 해바라기 씨는 견공의 모질 관리에 엄청 좋다. 일반 간식이나 사료 중에도 해바라기유가 들어간 것은 좀 더 비싸다. 시중에서 파는 식용유 중 해바라기유도 있다. 하지만 이 제품은 100% 해바라기 씨가 들어간 것이 아니기 때문에 해바라기 씨를 갈아서 쓰는 게 좋다.

칫솔질을 싫어하는 애견들을 위해 치석 제거 효과를 위해 딱딱한 쿠키를 만드는 것이 더 바람직하다. 자연스럽게 간식을 먹다 보면 치석 제거까지 되니 꿩 먹고 알 먹는 격이다. 버터나 우유가 들어가면 쿠키가 훨씬 부드러워진다. 자견이나 노령견에게는 좋은 간식이 되겠지만, 보통 애견들에게는 고칼로리 음식이 될 수 있으니 주의한다.

70. 참치 과자

재료와 준비물

참치 두 캔(일반형), 두부 반 모, 배추 300g, 말린 새우 15g, 현미가루 50g.

만드는 법

① 양배추를 다지기(또는 녹즙기)로 간다.

② 새우를 분쇄기에 간다. 새우나 마른 멸치를 사용한다.

③ 모든 재료를 다 섞는다. 참치와 두부는 반죽하면서 으깨도 괜찮다.

④ 비닐 팩에 반죽한 것을 넣고 최대한 얇게 편다.

⑤ 냉동실에 판판하게 넣고 3~4시간 놓아둔다.

⑥ 적당이 얼면 꺼내서 비닐을 벗긴다. 도마에 펴 놓은 채 스틱 모양으로 얇게 썬다.

⑦ 스틱의 두께가 0.7cm 이하면 바람직하다. 빨리 마르고 맛이 좋아지기 때문이다.

⑧ 건조기에 말리면 바삭바삭한 강아지 과자가 된다.

71. 닭고기 당근 스틱

재료와 준비물

닭고기 가슴살, 밥, 당근, 야채(파란 나물).

만드는 법

① 닭 가슴살을 끓는 물에 푹 끓인다.
② 당근과 야채를 먹기 좋은 스틱 모양으로 잘라서 닭고기 끓인 물에 1~2분 정도 끓인다.
③ 닭고기 끓인 물을 버리지 말고 밥을 넣어서 푹 끓인다. 체에 걸러서 물기를 뺀다.
④ 준비해 둔 야채와 닭고기와 밥을 잘 버무려서 식힌다.
⑤ 맛나게 먹인다.

72. 닭 가슴살 간식

재료와 준비물

닭 가슴살, 건사료, 시저 4/1

만드는 법 1

① 닭 가슴살을 흐르는 물에 깨끗하게 씻고 기름기를 제거한다.

② 준비한 닭을 1.5㎝ 두께로 길게 자르고 1㎝ 간격으로 칼집을 낸다.

③ 그릴에 물을 붓고 준비한 닭을 늘어놓은 채 15분 동안 앞뒤로 굽는다.

④ 완성된 재료에 무염 버터를 중탕으로 녹여서 2분 동안 전자레인지에 돌린다.

만드는 법 2

① 삶은 닭 가슴살을 잘게 찢어 준비한다.

② 건사료는 부드러워지게 닭 삶은 물을 부어 불려 놓는다.

③ 시저는 닭고기 맛이 아닌 것을 준비한다.

④ 준비해 둔 재료를 정성스럽게 비빈다. 비닐장갑을 끼고 한 입에 들

어가도록 동그랗게 만든다. 그래야 입 주위에 음식이 묻지 않는다.

닭고기 가슴살 부위는 지방질이 적어서 장이 약한 강아지에게도 별다른 지장이 없다. 닭고기 가슴살 대신 양고기나 쇠고기도 괜찮다. 하지만 닭고기 가슴살이 더 좋다.

매번 만들기 번거로우면 한꺼번에 8~10번 먹을 양을 만들어 냉동실에 얼려 둔다. 먹을 때마다 조금씩 떼어서 전자레인지에 살짝 돌린다. 하지만 먹이고 싶을 때마다 만드는 게 더 바람직하다.

73. 애플 쿠키

재료와 준비물

사과의 반, 밀가루, 미숫가루 약간, 물 약간(농도에 따라 쓰되 우유는 금지), 계란 1개, 무염버터 약간.

만드는 법

① 사과를 강판에 간다. 체에 친 뒤 물기를 약간 뺀다. 버터는 실온에서 녹인다. 사과는 조금 남겨 둔다.

② 계란을 풀고 잘 녹인 버터를 섞는다. 사과를 넣고 밀가루와 미숫가루를 3 : 1의 비율로 섞어서 농도를 조절하며 반죽한다.

③ 반죽을 랩으로 싸서 냉동실에 한 시간 가량 놓아둔다.

④ 반죽이 잘 되었으면 둥글게 굴려서 손가락으로 가운데를 꾹 누른다. 아까 남겨 놓은 사과를 채로 썰어 사이에 넣고 살짝 눌러 둔 뒤 150 오븐에서 30분 정도 굽는다.

⑤ 온도가 너무 높으면 사과가 숯덩이처럼 타버릴 수도 있으니 주의한다.

제6부 견공의 세계로 떠나는 부록 여행

74. 속담 여행

아래에 소개하는 속담 중에서 틀리지 않은 표현은 없습니다. 조상들의 지혜와 경험이 듬뿍 담긴 속담입니다. 그럼에도 불만이 없지 않습니다. 개를 천시하고 우습게 아는 관점에서 만들어진 속담이 대부분입니다.

개, 강아지, 애견, 애완견, 애완견 가족, 애견인들이 불어터진 목소리를 낼만한 속담들에 지나지 않습니다. 아주 오래 전, 개를 여름날의 구황 음식이나 재물로 여기던 시대의 잔재입니다. 이제 세상은 변했습니다. 애완견은 인간의 친구, 가족, 반려자라는 목소리가 높아지고 있습니다. 일부 선진국의 법률에는 개가 인간의 친구임을 명시할 정도입니다.

※ 개밥에 도토리 – an outcast, an ostracized person. 따돌림을 당해 함께 섞이지 못하고 고립됨.

※ 개 보름 쇠듯 한다 – 정월 대보름 명절날 맛 좋은 음식도 해 먹지 못하고 그냥 넘긴다는 뜻으로 가난한 처지를 빗대는 말).

※ 개새끼도 주인을 보면 꼬리친다 – 은혜를 모르는 사람을 조롱하는 말.

※ 개와 원숭이 사이다. 견원지간(犬猿之間). - cat-and-dog terms. They lead a cat-and-dog life. 개와 원숭이 사이같이 관계가 몹시 어색하고 안 좋은 상태를 두고 이르는 말.

※ 개 입에서 개 말 나온다 - 입버릇이 아주 나쁜 사람의 입에서는 결코 고운 말이 나올 리 없다는 뜻.

※ 개천에서 용 나고 미꾸라지가 용 된다 - 개천에서 용 난다 : It is a case of a black hen laying white eggs. 변변치 못한 집안에서 태어났더라도 꾸준히 노력을 하면 훌륭한 사람이 될 수 있고 출세할 수 있다 는 말.

※ 개가 똥을 마다한다 - 평시에 좋아하는 것을 싫다고 거절할 때 하는 말.

※ 개가 제 방귀에 놀란다 - 대단치도 않은 일에 깜짝깜짝 잘 놀라는 경솔한 사람을 두고 하는 말.

※ 개같이(개처럼) 벌어서 정승같이(정승처럼) 쓴다 - Narrow gathered, widely spent. 비천하게 벌어서라도 떳떳이 가장 보람 있게 쓴다는 말.

※ 개꼬리는 먹이를 탐내서 흔든다 - 누구에게나 반가운 척하는 사람의 이면에는 대부분 야심이 숨겨져 있다는 의미.

※ 개 눈에는 똥만 보인다 - 자기가 어떤 일을 좋아하면 모든 것이 다 그 물건같이 보인다는 뜻.

※ 개도 나갈 구멍을 보고 쫓아라 - 무엇을 쫓아낼 때 그 갈 길을 남겨 놓고 쫓아야 한다는 말.

※ 개도 먹을 때는 안 때린다 - 맛있게 음식을 먹고 있는 사람을 건드려서는 안 된다는 의미.

※ 개도 무는 개는 돌아본다 - 사람도 악한 사람에게는 혹시 그 화를 입을까 하여 조심하고 잘 대해준다는 뜻.

※ 개도 얻어맞은 골목에는 가지 않는다 – 한번 실패한 경험이 있는 사람은 다시는 그 때의 전철을 밟지 않도록 경계한다는 뜻.

※ 개도 제 주인은 알아본다 – 은혜를 모르는 사람을 두고 이르는 말.

※ 하룻강아지 범 무서운 줄 모른다 – 멋모르고 겁 없이 덤빔을 비유하여 이르는 말.

※ 훈장 똥은 개도 안 먹는다 – 애탄 사람의 똥은 매우 쓰다는 뜻으로 선생의 노릇이 힘들다는 것을 비유하여 이르는 말.

※ 개가 다 웃겠다 – 너무 어처구니없는 일이라는 뜻.

※ 개 팔자가 상팔자다. 풍년 개 팔자 – 주는 대로 먹고 자는 개가 부럽다는 뜻으로, 일이 고생스러운 때 쓰는 말.

※ 달 보고 짖는 개 – 공연한 남의 일에 쓸데없이 참견하는 것을 이르는 말.

※ 미친개가 호랑이 잡는다 – 미친개가 정신없이 날뛰면 호랑이 같은 무서운 짐승도 잡는다는 뜻으로, 한 일에 열중하면 무슨 일이든 해낼 수 있다는 말.

※ 미친개 풀 먹듯 한다 – 이것저것 먹기 싫은 것을 먹듯이 지저분하게 한다는 말.

※ 복날 개 패듯 한다 – 인정사정 봐주지 않고 심하게 때린다는 말.

※ 서당 개 삼 년이면 풍월을 읊는다 – 무식한 사람도 어떤 일이든 오래 보고 듣게 되면 자연히 견문이 생긴다는 말.

※ 죽 쑤어 개 좋은 일 하였다. 죽 쑤어 개 바라지한다 – 애써서 남 좋은 일 시켰을 때. 힘들여서 한 일에 남에게만 이롭게 되었을 때 쓰는 말.

※ 제 버릇 개 못 준다. 제 버릇 개 줄까. 제 팔자 개 못 준다. – 자기의 본성을 버리지 못한다.

※ 개 꼬리 3년 두어도 황모–노란 털. 못 된다. – 황모(黃毛) : 족제비

털. 본디부터 나쁘게 태어난 사람은 아무리 하여도 그 본디 성질을 바꾸지 못한다는 뜻.

※ 개꿈도 꿈인가? - 꿈도 꿈답지 않은 것은 꿈이라고 할 수 없듯이 물건도 물건답지 않은 것은 물건이라고 할 수 없다는 뜻.

※ 개똥참외도 먼저 맡은 놈이 임자다. - 아무리 임자 없이 굴러다니는 물건이라도 먼저 와서 맡은 사람이 주인이라는 의미.

※ 똥 묻은 개 겨 묻은 개 나무란다. - The pot calls the kettle black. 기의 허물은 생각지도 않고 남의 허물만 얘기하는 사람을 일컫다.

※ 개똥도 약에 쓰려면 없다. - 흔한 것이라도 정작 소용이 있어 찾으면 없다.

※ 개똥이 무서워 피하나 더러워 피하지. - 행실이 더러운 사람과 다투는 것보다는 피하는 것이 자신을 위해서 낫다는 말.

※ 초상집 개 같다. - 무척 굶주려서 초라하기 이를 데 없는 것을 보고 하는 말.

※ 개 못된 것은 들에 나가 짖는다. - 자기의 할 일은 하지 않고 쓸데없는 짓의 하는 사람을 가리키는 말.

※ 개는 잘 짖는다고 좋은 개는 아니다. - 모름지기 사람이 말만 잘 한다고 해서 훌륭한 사람이 아니라 처신을 잘해야 훌륭한 사람이라는 말.

※ 늙은 개에게 새로운 기술을 가르칠 수는 없다. - You can't teach an old dog new tricks.

※ 검정 강아지로 돼지 만든다. - 비슷한 것으로 남을 속이려 함.

※ 개골창을 베게 되었구나. - 미련하여 죽게 됐으니 죽으라는 뜻이다.

※ 개의 귀 비루를 털어먹어라. - 하는 짓이 치사스러운 사람.

※ 개 꼬락서니 미워서 낙지 산다. - 미워하는 자에게 좋은 일 시킬 수 없다.

※ 개도 주인을 알아본다. – 개는 주인을 물지 않는다.

※ 개 등의 등겨를 털어 먹는다. – 저보다 못 사는 사람을 벗겨 먹는다.

※ 미운 개가 주걱을 물고 주왕에 오른다. – 미운 자가 유난히 미운 짓만 할 때.

※ 나물 밭에 똥 한번 눈 개에게 저 개 한다. – 한 번 실수로 늘 의심받는다.

※ 내외 간 싸움은 개싸움이다. – 쉽게 화합하는 경우를 빗대어 말함.

※ 점잖은 개 부뚜막에 먼저 오른다.

※ 시어미에게 역정 나서 개 옆구리 찬다.

※ 닭 쫓던 개 지붕 쳐다본다. – 애써 이루려던 일이 실패로 돌아가 어이없이 된 것을 이르는 말.

※ 개 발에 편자. – 무슨 일이든 어울리지 않는 경우를 두고 이르는 말. 편자 : 말굽에 붙이는 쇳조각.

※ 개 발싸개 같다. – 보잘것없다. 아무 가치도 없다.

우리 속담 중에 개와 관련된 것들이 유난히 많습니다. 어느 집에서나 개를 길렀고 여름이 오면 구황 식품으로 삼는 등 재물과 육식의 대상이었기 때문입니다. 소나 돼지 등 다른 가축들처럼 개를 가까운 식구로 인식하다가 때가 되면, 특히 여름이 오면 여지없이 육식 자원으로 처분하거나 직접 잡아먹었습니다. 아주 가까운 친구처럼 지내던 주인도 개를 먹어버렸으니 개를 천대할 수밖에 없었습니다.

사정이 그렇다 보니 걸핏하면 부정적인 의미의 은유법을 쓸 적마다 개를 빗대어 말하곤 했답니다. 도둑의 침입을 막거나 주인 식구들을 보호하며 충성하다가 결국 식구들의 재물로 변하고 식구들의 입속으로 들어가야 하던 개들의 입장에서는 무척 억울한 일이었습니다.

75. 강아지가 해석한 개 관련 속담

※ 하룻강아지 범 무서운 줄 모른다. – 개의 타고난 용맹성.

※ 서당 개 삼 년이면 풍월을 읊는다. – 개의 지능이 우수함.

※ 닭 쫓던 개 지붕 쳐다본다. – 어떤 일을 망치더라도 좌절하지 않고 높은 곳을 바라봄.

※ 도둑을 맞으려면 개도 안 짖는다. – 개에게 밥을 제 때 안 주면 화를 입게 됨.

※ 달 보고 짖는개. – 개에게도 감수성이 존재한다.

※ 무는 개는 짖지 않는다. – 말보다 행동이 앞서는 개.

※ 복날 개 패듯이. – 억세게도 재수가 없음.

※ 지나가던 개가 웃겠다. – 어디서든지 웃을 수 있는 착한 천성.

※ 개도 먹을 때는 안 때린다. – 개들은 먹을 때 예민해짐.

※ 개밥에 도토리. 죽 쑤어서 개 좋은 일 시켰다. – 기대하지 않던 복이 찾아들어옴.

※ 개 팔자가 상팔자. 풍년 개 팔자. – 주인 잘 만난 개를 부러워하는 말.

※ 개똥에 굴러도 이승이 좋다, 개똥도 약에 쓰려면 없다. – 개똥의 유용함.

※ 개도 나갈 구멍 보고 쫓으랬다. 제 집 개도 밟으면 문다. -개의 성깔 있음을 지칭.

관점에 따라서 다양한 해석이 가능합니다. 하지만 부정과 긍정이 엇갈릴 때는 긍정적인 해석이 더 유익합니다. 이 밖에 -고양이]와 관련된 속담을 소개합니다.

※ 고양이보고 반찬 가게 지키라는 격이다. - 고양이에게 반찬 가게를 지키라고 한다면, 그 놈이 지키기는커녕 훔쳐 먹을 것이다. 믿지 못할 사람에게 귀중한 물건을 맡길 때 쓰는 말. 비슷한 속담 : 강아지에게 메주 멍석 맡긴 것 같다.

※ 고양이 앞에 쥐 같다. - 몹시 무서워서 쩔쩔매고 꼼짝 못 한다는 뜻.

※ 고양이 세수하듯. - 남이 하는 대로 흉내만 내고 그치는 경우를 이르는 말. 세수를 하되 콧등에 물만 묻히는 정도밖에는 안 한다는 의미.

애완동물 이외의 다른 동물에 얽힌 속담도 소개하죠.

※ 소도 언덕이 있어야 비빈다. - 의지할 데가 있어야 무슨 일을 할 수 있다는 말.

※ 소가 짖다. 송아지 못된 것은 엉덩이에 뿔이 난다. - 사람답지 못한 사람이 교만한 짓을 한다는 말.

※ 호랑이도 제 말하면 온다. - 어떤 자리에서, 마침 이야기에 오른 바로 그 사람이 나타났을 때에 이르는 말.

※ 호랑이 개 어르듯.

※ 호랑이 담배 먹던 시절. - 지금과는 형편이 다른 까마득한 옛날이라는 말.

※ 쥐도 새도 모르게. – 아무도 모르게 감쪽같이 어떤 일을 할 때 쓰는 말.

※ 쥐구멍에도 볕들 날 있다. – 몹시 고생하는 사람도 좋은 때를 만나 운이 트일 날이 있다는 말.

※ 쥐구멍을 찾다. – 어떤 것에 급히 쫓길 때 숨을 곳을 찾느라고 애쓰는 것을 두고 하는 말.

※ 쥐꼬리만 하다. – 아주 작고 예쁜 것을 가리키는 말.

※ 쥐방울만 하다. – 주로 사람에게 쓰이어 '작고 앙증스럽다'를 속되게 이르는 말.

※ 쥐뿔도 모르다. – 아주 적은 것도 모르고 아는 척 한다는 뜻.

※ 쥐 죽은 듯이. – 아주 조용한.

※ 토끼 둘을 잡으려다가 하나도 못 잡는다. – 여러 가지를 욕심내다가는 한 가지도 이루지 못한다는 말.

※ 토끼잠. – 깊이 들지 못하고 아무 데서나 토끼처럼 잠깐 자는 잠.

※ 토끼를 다 잡으면 사냥개를 삶는다. – 요긴한 때는 소중히 여기다가도 필요가 없게 되면 쉽게 천대하고 버림을 비유하는 말. 토사구팽–兎死拘烹.

※ 말 가는 데 소 간다. – 가서는 안 될 데를 간다는 뜻.

※ 말똥에 굴러도 이승이 좋다. – 아무리 고생스럽고 천하게 살더라도 죽는 것보다는 사는 것이 낫다.

76. 애완동물 인터넷 인기 카페

– 포털 사이트 네이버 –

http://cafe.naver.com/tvpet.cafe 매니저 종이

http://cafe.naver.com/onpet.cafe 매니저 땡

http://cafe.naver.com/expert98.cafe 매니저 뽀또

http://cafe.naver.com/ganggcafe.cafe 매니저 당나구

http://cafe.naver.com/cyberzoo.cafe 매니저 레오

http://cafe.naver.com/hby.cafe 매니저 홈다리

http://cafe.naver.com/littleham.cafe 매니저 싱글라인

http://cafe.naver.com/bugandanimal.cafe 매니저 쟈스민

http://cafe.naver.com/insectmaster.cafe 매니저 향기

http://cafe.naver.com/catflower.cafe 매니저 피자아빠

http://cafe.naver.com/dogzzang.cafe 매니저 코카아빠

http://cafe.naver.com/daichung.cafe 매니저 대청봉

http://cafe.naver.com/puppylovernet.cafe 매니저 영자언니

http://cafe.naver.com/jimin27.cafe 매니저 민이

http://cafe.naver.com/03aqua.cafe 매니저 아쿠아

http://cafe.naver.com/iovebird.cafe 매니저 홍띠

http://cafe.naver.com/geojefish.cafe 매니저 물괴기

http://cafe.naver.com/petkingdom.cafe 매니저 돈죠앙

http://cafe.naver.com/puppia.cafe 매니저 겨울남자

http://cafe.naver.com/corgilove.cafe 매니저 코기러브

http://cafe.naver.com/doggieinthewindow.cafe 매니저 비니오빠

http://cafe.naver.com/cocasarang.cafe 매니저 꿈읽기

http://cafe.naver.com/turtlemania.cafe 매니저 고션스

http://cafe.naver.com/schnaplus.cafe 매니저 블루베리

http://cafe.naver.com/reptilia.cafe 매니저 미리내

http://cafe.naver.com/shihtzu0love.cafe 매니저 꼬마양산

http://cafe.naver.com/hs8727221.cafe 매니저 기러기아

http://cafe.naver.com/koreaant.cafe 매니저 김중엽

http://cafe.naver.com/bordercollies.cafe 매니저 핸섬맨

http://cafe.naver.com/wkdvndtktma.cafe 매니저 최상

– 포털 사이트 다음 –

http://cafe.daum.net/dogcafe 카페지기 칼있으마

http://cafe.daum.net/kitten 카페지기 한도빈

http://cafe.daum.net/iloveHAMSTER 카페지기 햄스터세상

http://cafe.daum.net/goodtaran 카페지기 ☆레드로즈★

http://cafe.daum.net/catcatcat 카페지기 미쿠린

http://cafe.daum.net/jurassicpet 카페지기 zoos

http://cafe.daum.net/iloveshiz 카페지기 깜장시츄유키

http://cafe.daum.net/catbay 카페지기 냥이브로커

http://cafe.daum.net/chinchillane 카페지기 맹명희

http://cafe.daum.net/0dreampuppy0 카페지기 ™ 드림유미™

http://cafe.daum.net/sanyang114 카페지기 청호

http://cafe.daum.net/lovelovebird 카페지기 꼬꼬산의미(재훈)

http://cafe.daum.net/insects7 카페지기 다산해언

http://cafe.daum.net/amazonreptile 카페지기 karisma69

http://cafe.daum.net/alpacafe 카페지기 동물사랑실천협회

http://cafe.daum.net/puppy4235 카페지기 까미골드

http://cafe.daum.net/pit88 카페지기 독뫼

http://cafe.daum.net/jihofarm 카페지기 서울지호

http://cafe.daum.net/artt 카페지기 서상철

http://cafe.daum.net/retrieverclub 카페지기 피리(장경찬)

http://cafe.daum.net/tinypuppyworld 카페지기 퍼피월드

http://cafe.daum.net/miyao 카페지기 오스틴

http://cafe.daum.net/tortoise 카페지기 Kwan

http://cafe.daum.net/ultodangto 카페지기 토롬엄마

http://cafe.daum.net/kimskn 카페지기 킴스주인장

http://cafe.daum.net/114k 카페지기 주인

http://cafe.daum.net/designpk 카페지기 ◈ⓢⓔⓣⓘ◈

http://cafe.daum.net/poodleworld 카페지기 ☆이솝☆

http://cafe.daum.net/kangajisinji 카페지기 백기사(손홍일)

http://cafe.daum.net/cutiedog 카페지기 큐티독